심판의 날
구원의 방주

심판의 날 구원의 방주

제1판 1쇄 2024년 11월 5일
제1판 3쇄 2025년 1월 3일

지은이   슈카이브
펴낸이   권동희
펴낸곳   아이엠

출판등록   제2022-000043호
주소   경기도 화성시 동탄오산로 82
전화   070-4024-7286
이메일   no1_winningbooks@naver.com

ⓒ아이엠(저자와 맺은 특약에 따라 검인을 생략합니다)
ISBN   979-11-6415-079-3 (03110)

심판의 날
구원의 방주

슈카이브 지음

프롤로그

최근에 출간된 《창조주의 인류 구원 메시지》의 프롤로그다. 내가 재림예수라고 선언한 이유, 그리고 나의 진심이 그대로 담겨 있어 공유한다. 아래의 글을 제대로 읽는다면 당신은 진정 누구인지 알게 될 것이다. 이것으로 이 책의 프롤로그를 대신하겠다.

지금 행성 지구는 극이동을 앞두고 있다. 그 후 몇 년 후 멸망이 되고 지구는 리셋이 된다. 이런 중요한 시기에 나는 인류의 의식을 성장시키고 고차원에서 온 영들을 건져내기 위해 금성에서 지구인으로 육화했다. 어려서부터 말더듬증이 심했던 나는 30년 동안 고통을 피할 수 없었다. 그것은 육화한 내 몸이 내 영적 능력과 지적 능력을 담아낼 수 없었기 때문이었다.

나는 지독히 가난한 가정에서 어린 시절을 보내야 했다. 마을에서 밭 한 뙈기, 논 한 마지기 없는 집은 우리 집뿐이었다. 내 아버지는 매일 술을 입에 달고 사셨던 알코올 중독자였다. 내가 20대 후반일 때 일흔을 앞둔 우리 아버지는 술에 취한 채 음독해 세상을 등지셨다. 그때 나는 아버지처럼 가난하게 살지는 않으리라 맹세했다. 모든 조건과 상황이 바닥이었던 나는 피를 토하는 심정으로 견디고 인내하고 노력한 끝에 젊은 자수성가 부자가 되었다.

그동안 나는 내가 좋아하는 일을 하면서 평범하게 살았다. 글쓰기, 책 쓰기, 1인 창업, 성공학, 부자학, 내면 변화, 의식 성장과 관련한 분야에서는 우리나라 최고로 인정받는 위치에도 있었다. 개인적으로 300권의 책을 썼으며, 1,200명의 평범한 사람들을 작가로 키우기도 했다. 그들 중 수많은 이들이 삶의 변화를 통해 경제적 자유인이 되었다. 그들은 자신의 지식과 경험, 지혜와 깨달음을 전하며 행복한 삶을 살고 있다. 이름만 대면 알 수 있는 유명 작가, 코치, 유튜버들 모두 내가 가르쳤다고 해도 과언이 아니다.

나는 우리나라 최초로 글쓰기, 책 출판 관련 특허를 하나씩 보유하고 있다. 내가 쓴 글이 16권의 초·중·고 교과서에 수록되기도, 그 저작권이 중국, 대만, 태국에 수출되기도 했다. 지난 가을에는 〈그대, 제가 사랑해도 되나요〉라는 노래로 작사가로 데뷔하기도 했다.

나는 글 쓰고, 책 쓰고, 상담하고, 코칭하는 일을 천직으로 여기며 살았다.

그러던 나에게 2023년 11월 24일, 믿을 수 없는 일이 일어났다. 그 충격은 《신과 나눈 이야기》의 저자 닐 도널드 월시(Neale Donald Walsch)가 처음 신과 만났을 때보다 더 컸으면 컸지, 결단코 작지 않았다. 바로 아브라함 경전에 언급된 4대 주요 대천사 가운데 한 분인 유리엘 대천사가 나를 찾아온 일로 인한 것이었다. 이어 가브리엘 천사장, 라파엘 대천사도 나를 찾아왔다.

그들은 나에게 내가 2천 년 전 이스라엘에 태어나 복음을 전파했던 예수라고 말해주었다. '재림예수'라는 것이었다. 물론 이 말은 세상을 발칵 뒤집어놓을 수도, 나를 조롱하고, 모욕하고, 비난하는 사람들이 적잖이 생겨날 수도 있는 엄청난 말이리라. 특히 종교인들이 그리할 테다(지금도 충분히 비난받고 있지만).

그럼에도 불구하고 나는 내가 원한 것이 아닌, 나를 위해 마련된 사명이어서 조금도 불안하거나 두렵지 않았다. 마치 그동안 내가 이날을 위해 훈련하고 준비되어온 사람 같다는 생각마저 들 정도였다.

별명이 김도사이다 보니, 많은 사람이 나를 무당, 영매로 오해하기도 한다. 이 별명은 제자들이 내가 너무나 잘 가르친다고 붙여준 것이다. 그래서 도사라는 필명(닉네임)을 사용하게 되었다. 그런데 나를 잘 알지 못하는 사람들, 남을 비난하기 좋아하는 사람들은 이 필명을 가지고도 조롱과 모욕을 멈추지 않았다.

나는 지금껏 남을 속이거나 양심에 거리끼는 것 없이 바르게 살아왔다고 자부한다. 이는 돌아가신 나의 육신의 아버지 이름을 걸고 맹세할 수 있다. 내가 써낸 책들의 권수, 양성한 작가들의 숫자와 그동안 걸어온 내 삶의 행적을 살펴보라. 결단코 내 말이 거짓이 아님을 알 수 있을 것이다. 제정신이 아니고서야, 온갖 고생 끝에 세상 좋다는 것을 다 가진 남자가, 세 아이의 아빠가, 갑자기 '재림예수'라 선언할 이유가 있을까? 득보다는 실이 클 텐데 말이다.

그런데도 내가 재림예수라는 메시지에서 비롯된 파장은 엄청나게 컸다. 내 삶은 마치 롤러코스터를 타듯 어지러워졌다. 나의 지인들, 독자들, 구독자들은 정말 열심히 살던, 멀쩡하던 사람이 하루아침에 정신 이상자가 된 듯 나를 곁눈질하기 바빴다(그 심정 충분히 이해한다. 경우를 바꿔 생각해봐도 나 또한 그리할 테니).

나의 영상에는 사기꾼, 책 팔이, 신종 교주, 정신병자 등의 말로 나를 비난하는 댓글이 많이 달린다. 세상에 사기를 치겠다고 선언한 후 사기를 치는 사람은 없다. 더군다나 나는 우리 집안 사람들, 친척들 모두 믿는 기독교를 외면하며 산 지 15년이나 되었다. 교회 목사이셨던 큰아버지와 교회 장로였던 작은아버지는 성서의 말씀과는 달리 사랑도, 형제애도 없으셨다. 그런 그들의 모습을 보면서 나는 종교 지도자들의 민낯을 직시하게 되었다.

종교는 창조주께서 만드신 것이 아니라 인간들이 만든 것이다. 종교 지도자들은 겉으로는 사랑, 인류애를 외치고 복음과 진리를 전파하는 것처럼 비친다. 하지만 그들의 마음속은 이기심과 물욕, 명예욕, 권력욕, 인정욕구 등으로 가득 차 있다. 만약 종교가 진리를 설파하고 신도들의 깨어남과 신성 회복에 힘썼더라면 지금 같은 종교 간의 다툼은 없을 것이다.

나는 입만 열면 '예수 천당 불신 지옥'을 외치는 어머니와 연락을 끊은 지 3년째다. 큰아이가 아홉 살이 되었는데도 아이들 한번 보고 싶다는 전화를 주신 적이 거의 없다. 돈이든, 음식이든 무언가 필요한 것이 있을 때만 전화를 주시곤 했다.

내겐 어려서부터 같이 고생하면서 자란 두 명의 누나들이 있다. 나는 같이 잘살기를 바라며 두 누나에게 물심양면 도움을 주었다. 돈 한 푼 받지 않고 여러 권의 책을 낸 작가가 되게 해주었고, 상담과 코칭을 할 수 있게끔 성장시켜주었다. 하지만 내게 돌아온 것은 배신과 상처뿐이었다. 지금은 누나들과도 아예 연락하지 않고 지낸다.

혈연으로 맺어진 관계는 죽으면 끝나고, 법적으로 묶인 부부 관계는 이혼하면 끝난다(그런데 대부분 그 관계가 영원할 것처럼 믿으며 산다). 그런 육적 관계에 묶여 깨어나지도, 신성 회복도 하지 못해 영생을 얻지 못한다면 얼마나 슬픈 일인가?

나는 그동안 내가 운영하는 교육회사 '한국영성책쓰기협회(이하 '한책협')'에서 끊임없이 종교의 교리와 율법의 그릇됨을 지적하며 제자들을 일깨워왔다. 그런 삶을 살아왔던 내가 작금에 이르러 교주 노릇을 하려고 재림예수라 떠벌린다는 건 논리적으로 안 맞지 않는가.

지난해 11월 24일부터 현재까지 내가 운영하는 유튜브 채널들에는 구독 신청자들보다 취소자가 더 많은 실정이다. 조회 수도 확 줄어들었다. 이는 내가 성공하고자 책을 쓰러 찾아오는 사람들보다 내면의 변화, 깨어남과 신성 회복을 주제로 책 쓰기를 하려는 사람들만 코칭하고 있기 때문이다. 그러다 보니 회사의 매출도 절반 이상으로 줄었다.

올해 초에는 아버지 창조주께서 유리엘 대천사를 통하여 나에게 람보르기니 우르스와 캐딜락을 처분하라고 하셔서 바로 실천했다. 이런 내용을 내가 운영하는 네이버 카페에 공개했다. 그럼에도 불구하고 욕이란 욕은 다 얻어먹는 게 지금의 내 처지다.

과연 내가 사기를 치기 위해, 교주가 되기 위해 이런 짓을 벌이고 있다는 비난을 당신은 어떻게 생각하는가? 사기의 목적은 그 사람을 속여 재산상의 이익을 얻는 데 있다. 그런데 나는 글쓰기, 책 쓰기에 관심이 있는 사람들이라면 거의 다 아는 공인이다. 그런 내가 하루아침에 사람들의 돈을 갈취하기 위해 교주 노릇을 하려 한다고? 세상에 다 드러내놓고 얻는 재산상의 이익은 내 것이라 할 수 없다.

내 것이 아닌 것을 위해 그동안 피땀 흘려 쌓은 명예와 인생의 업적들을 포기할 바보도 없다. 그런 의미에서 헤아리면 내 일은 주어진 사명일 따름이다. 모든 걸 내던지는, 자기 십자가를 질 각오를 하지 않고서는 할 수 없는 일이다. 누군가에게 몇억 원을 준다고 한들 지금의 내 일을 그대로 따라 할 수 있을까? 가족과 친구들, 직장 동료들 등의 눈치가 보여 절대 그리하지 못할 것이다. 설사 그리한다고 해도 금세 진저리를 치며 포기할 것이다.

우리 부부는 그동안 일군 전 재산을 하나님 아버지께 드렸다. 그분이 맡긴 사명을 이행하는 데 모두 사용할 것이다. 교육을 통해 벌어들이는 수입 또한 그 사명을 위해 쓸 것이다. 나 자신부터 투명하게 밝혀야 나를 믿고 따르는 빛의 일꾼들도 나와 함께 사명을 감당할 수 있으리라. 그래서 나는 이와 관련한 내용을 '한책협' 카페에 글로 남겼을뿐더러 유튜브 채널 영상을 통해 수없이 이야기해왔다.

사람들 대부분이 매일 하는 생각은 죄짓는 일들과 무관하지 않다고 해도 과언이 아닐 테다. 그렇게 해서 그동안 인류가 쌓아온 카르마의 무게는 너무나 무거워졌다. 지구 전체 카르마가 행성 지구를 관장하시는 가이아 어머니께서 더는 감당할 수 없을 만큼 무거워진 것이다.

그런데다 인류는 자신의 카르마를 정화하고 소멸해나갈 정도로 영적 성장을 이루지 못한 상태다. 그러다 보니 이대로라면 지구의 자발적 차원 상승은 불가능하다. 천계에서 강제로라도 행성 지구와 지구인들을 4차원으로 상승시키기 위해서 나를 한반도에 육화시킨 배경이다. 이는 창조주 아버지와 여러 신이 합일해 이루어진 일이기도 하다. 이렇게 지구에 육화하기 전 금성에 머물 때 나는 지도자, 교육자, 철학자의 역할을 담당했었다.

유리엘 대천사는 매일 내게 아버지 창조주의 메시지를 전해주었다. 아버지께서는 대천사를 통해 그동안 인류가 쌓아온 카르마의 무게로 인해 곧 지구의 극이동과 멸망이 있으리라 알려주셨다. 지구 극이동 직전 1차 상승(휴거)이 눈 깜짝할 사이에 벌어질 거라고도 하셨다.

지구 멸망 전에 깨어나 신성을 회복한 3.5%의 인류가 성서에 기록된 새 예루살렘, 즉 새 지구 타우라로 옮겨져 최소 1천 세에 이르는 고차원의 삶을 살게 되리라고도 말해주었다. 반면 깨어나지 못한 96.5%의 인류는 갱생, 재생의 기회였던 윤회의 법칙이 더는 주어지지 않아 완전히 소멸한다고 하셨다. 깨어나고자 노력하지 않았던 탓에 그들은 수많은 윤회에도 영적으로 성장하지 못했기 때문이다.

깨어나지 못한 영들은 빛과 선보다 어둠과 악과 친숙하다. 심지어 어둠을 조력하는 영이 되어 온갖 악행을 저지르면서 사람들에게 상처를 주며 살아간다. 그들은 곧 있을 영혼 추수, 인류 심판의 날에 영혼의 블랙홀로 빨려 들어가 원소 상태로 돌아갈 것이다. 그들이 살면서 득했던 지혜와 깨달음만 아카식 레코드(우주 중앙 도서관)에 보관되어 새 예루살렘, 즉 새 지구 타우라의 인류의 삶을 위한 귀중한 자료로 쓰인다고 하셨다.

아버지께서는 내가 2천 년 전 이스라엘에 태어나 복음을 전파했던 '예수'라고 말씀하셨다. 나는 지구를 관장하시는 가이아 어머니와 가브리엘 대천사장, 유리엘 대천사, 라파엘 대천사를 비롯하여 은하함대 사령관 등을 통하여 거듭 확인했다. 모두 하나같이 내가 이 시대에 오기로 예언되어 있던, 바로 선지자, 정도령, 재림예수가 맞다고 했다. 그러면서 지구 극이동 전에 과거 내가 예수로 왔을 때 끝마치지 못한 일과 반드시 해야만 하는 사명들을 일러주었다.

아버지께서는 나에게 사명을 감당하려면 가진 재물을 모두 내려놓아야 한다고도 하셨다. 내 것은 내 것이 아니라고도 하셨다. 우주의 모든 물질은 소유가 아니라 렌탈 대상이라는 것이다. 내가 가지고 있는 것 모두가 곧 사라질 '헛것'임을 다시금 깨우쳐주신 셈이다. 아버지께서는 물욕 때문에 깨어나지 못한 81억 명의 인류 거의 전부가 심판의 날 무(無)로 흩어진다고 하셨다. 내게 "그러므로 너희들은 알게 될 것이다. 아는 것이 너희를 구원하게 될 것이며 비로소 창조주를 돕는 일이 된다"라고 말씀하시면서.

우리가 불안하고 두려운 것은 모르기 때문이다. 제대로 알면 믿음이 생겨나고 행동하게 된다. 결국, 자신에게 주어진 사명을 행하는 일이 가정을 구하고 영생을 얻는 길인 것이다.

2024년 2월 22일, 지구 대기권에 포진 중인 은하연합의 아쉬타르 사령부 은하함대 사령관은 내게 이렇게 말했다.

"과거의 선지자는 그때의 모습으로 돌아오지 않습니다. 시대에 따라 맡은 역할을 담당하는 새로운 선지자가 등장하는 것이지요. 슈카이브는 시대가 요구하는 새로운 재림예수, 즉 선지자입니다." 이 말은 내가 인류 구원에 관한 창조주의 메시지를 전달하는 통로 역할을 하기 위해 왔다는 뜻과 다름없다.

그런데 이 시대 사람들은 2천 년 전에 왔던 예수가 재림하기만 기다린다. 그러다 보니 해외나 어디 낯선 세상에서 흠결 하나 없이 고매하고 순결한, 알려지지 않은 존재가 선지자로 나타날 것이라고 기대한다. 절대 자신과 가까운 곳에, 주변에 그런 이가 있으리라고는 꿈에도 생각하지 못하는 것이다. 내가 사람들의 비난과 질시를 받는 가장 큰 이유이다. 사실 2천 년 전, 또 다른 나였던 예수도 고향 사람들의 인정보다는 조롱과 멸시를 받지 않았는가. 심지어 제일 가까운 가족과 친척들에게도 배척당하지 않으셨던가. 그때나 지금이나 다를 바 없는 게 세상일인 셈이다.

2024년 2월 14일 가브리엘 천사장은 내게 이렇게 말했다.

"그의 용맹한 어린 사자가 핍박의 바다를 성큼성큼 건너와 주 앞에 무릎 꿇고 경배하느니라. 그들은 말로써 글로써 주의 아들을 상처 내고 훼손한다. 그럼에도 불구하고 그는 묵묵히 그의 사명을 향해 걸어간다. 마침내 그렇게 승리하리라. 준비된 잔을 받고 건배하리라. 그들 또한 이미 설정된 어둠이니라. 예전의 네가 그러했듯, 지금의 너 또한 훨씬 더 진보한 영임을 잊지 마

라. 모든 어둠의 시체를 발판 삼아 성큼성큼 걸어오너라. 너의
상이 작지 않다."

이 말을 통해 앞으로 내게 어떤 힘든 일들이 예정되어 있는
지 추측해볼 수도 있겠다. 그러나 승리를 전제하고 사명을 이행
하는 내겐 그 어떤 두려움도 없다. 이미 결과는 나와 있고, 나는
그 결과를 알고 있기 때문이다.

올 연초 노르웨이, 스웨덴, 핀란드 등의 북유럽엔 영하 40도
를 밑도는 매서운 한파가 몰아쳤다. 일부 국가에서는 바닷물까
지 얼어붙었을 정도였다. 한파와 폭설로 전기가 끊기고 도로가
마비되는 등 국가 비상사태가 벌어지기도 했다. 전문가들은 이
런 극단적인 이상 기후 현상의 원인으로 지구 온난화를 지목할
뿐, 정확한 이유를 대지 못한다. 한편, 학계에서도 아직 지구 온
난화 때문이라고 콕 집어 결론을 내리고 있지는 않다. 결국, 이
는 한파가 몰아친 진짜 원인을 정확하게 알지 못한다는 말 아
니겠는가.

나는 북유럽에 갑자기 한파가 몰아 덮친 이유를 알고 있다.

지난 1월 6일, 아버지 창조주께서는 북유럽 기온이 갑자기 영하 40도로 떨어진 이유를 이렇게 알려주셨다.

"북유럽 기온이 영하 40도로 떨어진 이유는 일본 대지진과 연관이 있다. 은하연합 은하함대(우주선)가 후미 추돌해 정박 위치를 찾는 중이다. 그 과정에서 대기권에 스크래치가 났으며, 이런 일은 앞으로도 자주 발생할 것이다. 지구 중심과 에너지장 테스트, 지구와 시간과 공간과 타입을 맞추는 중이지만 모든 함대가 정박할 수는 없다. 선별 작업 중의 일종의 테스트다. 함대나 기계의 자기장과 빛은 아주 차갑다."

북유럽의 한파는 대기권에 포진해 있는 은하함대 우주선 모선이 정박할 위치를 찾다가 대기권의 에너지장과 부딪혀서 일어난 일이다. 우주선에서 발산하는 에너지와 빛이 아주 차갑다는 것을 고려하면 충분히 이해가 가는 현상이다. 기후 환경 전문가들은 대기권에 우주선들이 포진해 있다는 사실조차 몰라 정확한 원인을 찾아내지 못한 것이다. 남극과 북극의 빙하가 빠르게 녹는 것 역시 우주선들의 빛과 에너지 때문이다. 현재 지구 대기권을 그런 우주선들이 둘러싸고 있다고 한번 상상해보

라. 이런 우주선들의 존재를 모르는 전문가들은 이런 현상을 단지 프레온가스로 인한 오존층 파괴 때문이라고 설명하는 데 그치고 있다.

현재 지구는 멸망, 그리고 리셋을 앞두고 있다. 그동안 천계에서 다양한 방법으로 인류가 깨어나도록 도와왔음에도.

"우리는 많은 다양한 방법으로 너희에게 신호를 보냈다. 영화로, 음악으로, 그림으로, 그리고 하늘과 구름으로, 가능한 모든 채널과 통로를 이용해 깨달음을 주려 했다. 요즘 사후 세계와 영계와 인간계를 넘나드는 책과 영화나 드라마가 쏟아져 나오는 것은 모두 예정된 우리의 시나리오다. 사후 세계와 카르마를 간접 체험시켜 너희의 두려움을 낮춰주기 위한 시그널이다."

아버지께서는 머지않아 일본이 사라진다고 하셨다. 그 이유는 언어로부터 시작된 심각한 훼손과 파괴의 카르마 때문이라고 하셨다. 한자를 근간으로 한글을 덧씌운 형태의 그들의 언어는 저급한 에너지이자, 교란에 불과하기 때문이라는 것이다. 말과 글은 천상계로부터 받은 선물이다. 그래서 천상계에서는 언

어 훼손을 중한 죄로 취급한다. 일본을 천상계에서 삭제하기로
한 이유다.

일본의 침몰이 그나마 천천히 진행되는 이유는, 한반도에서
끌려간 우리 선조들의 후손들이 그들의 카르마를 함께 짊어지
고 정화하며 그들을 보호해주고 있기 때문이라고 하셨다. 또 하
나의 반전은, 천천히 고통스럽고 공포스럽게 그들의 악행으로
인한 카르마를 돌려받게 하기 위함이라고 하셨다.

내가 이 책을 쓰게 된 이유는, 세상을 혼란스럽게 만들거나
불안감을 조성하기 위함이 아니다. 지금 지구의 시대는 끝나가
고 있다. 아버지 창조주께서 내게 인류 구원의 메시지를 이런
상황에 다다른 세상에 전하라고 하셨기 때문이다. 아버지께서
는 종교가 사람들을 깨어나게 하거나, 그들의 신성을 회복해줄
수 없다고 하셨다. 이제는 종교가 더는 안전하고 믿을 수 있는
피난처가 될 수 없다는 것이다.

아버지께서는 시간이 없는 만큼 사람들이 속히 종교를 떠나
스스로 깨어나길 바라신다. 자신이 누구인지, 어디에서 왔으며,

어디로 가는지 기억을 되찾기를 바라신다. 그리할 때 진정으로 아모레아 삼중 불꽃을 발현할 수 있기 때문이다. 신성 회복은 아버지의 자녀, 즉 빛의 자녀임을 증명하는 것이다. 2천 년 전 예수는 이렇게 외쳤다. "내가 길이요, 진리요, 생명이다!" 이 말은 예수 천당 불신 지옥을 의미하는 것이 아니다. 신성 회복에 관한 말로서 신성이 길이자, 진리이자, 생명이다, 라는 말을 비유한 것이다.

나에겐 지구 극이동 직전에 일어나는 1차 휴거 전까지 반드시 완수해야 하는 사명이 있다. 그 가운데 하나가 인류의 의식 성장을 통한 의식 지수를 높여주는 것이다. 인류의 차원 상승을 돕기 위해 고차원에서 지구에 육화한 영 중, 카르마나 에너지장에 걸려 차원 상승에 합류할 수 없는 영들을 건져내는 것도 내가 맡은 일이다.

이 외에 아버지께서 일러주신, 한반도의 특정한 곳에 새 예루살렘에 건립될 성전을 지어야 한다. 그 성전을 이 땅에 지으면 4차원 행성 타우라에 맞게 자동으로 업그레이드된 성전이 동시에 그곳에 세워진다고 하셨다. 사람들은 극이동이 벌어지면 지구가 다 부서지고 무너질 텐데, 그게 무슨 소용됨이 있느냐고 조롱하고 비난한다. 육적인 사고로는 이해할 수 없는 그 부분의 이해를 돕기 위해 1가지 예를 들어보겠다. 아버지께서는 내게 이렇게 말씀하셨다.

"지금의 화폐는 의식 화폐이고 그것은 테스트용으로 쓰일 뿐이다. 지구인들은 돈을 좋아하지 않느냐? 그래서 새로 열릴 나의 나라, 그리고 네가 있을 그 나라를 열고 이루는 과정에 지금의 의식 화폐는 너희의 믿음을 측정하는 도구가 될 것이다."

영적인 사고를 하는 사람이라면 이 말을 이해할뿐더러 흔쾌히 믿게 될 것이다. 그러니 아버지의 새 나라에 걸맞은 성전을 짓는 사명에 적극적인 동참을 하게 될 것이다.

성서 〈창세기〉에서 노아는 하나님의 명령에 순종해 대홍수에 대비한 방주를 짓기 시작했다. 사람들은 그런 노아를 보며 비웃고 조롱했지만, 노아는 묵묵히 자신의 사명을 감당해나갔다. 이처럼 하나님이 맡기시는 사명이 때론 세상 사람들 눈에 미련하게 비치기도 한다.

지금 지구에는 수많은 천사들이 내려와 있다. 그들은 14만 4천 명의 빛의 일꾼들을 깨우러 다니고 있다. 현재 그렇게 깨어난 빛의 일꾼들이 우리나라는 물론 해외 곳곳에서 나에게 연락해 오고 있다. 나는 인류가 속히 깨어나 신성을 회복하길 바란다. 그중 신성을 회복한 3.5%의 인류는 아버지 창조주께서 예비해 두신 새 나라 4차원 행성 타우라에서 새로운 삶을 살게 된다.

지구가 폐장을 앞둔 지금, 나는 아버지의 새 나라를 열고 만들기 위한 기초를 세우고 있다. 아버지와 여러 신의 합일 아래에 아들인 내가 그 목적을 위해 이 시대 한반도에 보내진 것이다. 그런 만큼 나는 목숨을 다하고 온 힘을 다해 내 사명을 완수할 것이다. 전 세계에 배치된 빛의 일꾼들은 나와 마음을 모으고 뜻을 모아 지구에서의 마지막 사명을 완수해낼 것이다.

끝으로 인류가 깨어나길 인내하며 기다려주신 아버지 창조주와 가이아 어머니와 은하연합 아쉬타르 사령부의 은하함대 총사령관이면서 현재 지구 대기권역에 머무는 카프리콘 함선에서 '테라 프로젝트 작전'을 지휘하고 있는 이수 사난다 쿠마라 님과 아쉬타르 사령부의 여러 사령관들께 경의를 표한다. 가브

리엘 대천사장과 유리엘 대천사, 라파엘 대천사, 미구엘 대천사
께도 경의를 표한다.

하나는 전체를 위하여, 전체를 하나를 위하여!

나라와 권세와 영광이 아버지께 영원히 있습니다.

모든 영광 아버지 창조주께서 받으소서.

- 슈카이브

Contents

프롤로그   5

1. 성서에 예언된 마지막 때에 구원받는 사람의 숫자   30

2. 신성을 회복한 자 3.5%만 구원을 받을 수 있다   33

3. 어느 종교에서도 깨어남과 신성 회복에 대해 알려주지 않는다   36

4. 1차 휴거되는 숫자는 8천 명이 안 된다   39

5. 이미 지구 멸망에 대한 시나리오는 결정되었다   41

6. 인류 구원을 위해 영적 성장 과정들을 개설하다   44

7. 지구 멸망 때 살아남을 수 있는 방법   48

8. 세상 끝날을 앞두고 있는 만큼 25가지를 주의하고 경계하라   52

9. 종교시설을 찾는 사람들은 3가지 공통점   57

10. 사명 앞에 비겁한 자는 그날, 땅에 남겨질 것이다   58

21. 사명은 성서에 기록된 바와 같이 두 배의 법칙대로 행하라   61

22. 지구 멸망은 반드시 이 시대에 일어난다   64

23. 지구 멸망까지 얼마 안 남았다   66

24. 안식일은 창조주의 자녀들을 위한 날이다   71

25. 내가 가장 경멸하는 단어 2가지   73

26. 지금부터 천계에 의식 화폐를 저축하라   77

27. 온 힘을 다하여 들판에서 알곡과 쭉정이를 가려내자   79

28. 휴거 당일 세상에 벌어지는 전 세계적 상황   81

29. 과학은 창조의 법칙 위에 있지 않다   85

30. 의식 지수가 '과락'되면 몇 년 후 영혼 추수의 날에 소멸된다   87

31. 딱 2가지만 하면 된다   89

32. 나는 2천 년 전 예수의 '현존'이다   90

33. 아버지 창조주와 가이아 어머니, 여러 천사들, 천군들에게
드리는 기도   92

34. 이 세계의 물질 화폐는 '헛것'이다   95

35. 영혼 추수의 날에 불 못에 던져지는 이유   99

36. 지은 죄가 많음에도 회개하지 않는 자들에게   101

37. 지구멸이 될 때 먼저 죽은 영혼들은 어떻게 되는가?   108

38. 나와 빛의 일꾼들은 인류 구원하기 프로젝트를 함께하고 있다   113

39. 지구 극이동 때 인류 가운데 3분의 1이 죽을 것이다   115

40. 인류는 종말 전 지구 졸업 시험을 치르고 있다   118

41. 지구 멸망은 눈앞으로 다가왔다   121

42. 3.5%의 인류만 4차원 새 지구 타우라로 상승하게 된다   125

43. 창조주의 아들 슈카이브의 기도   128

44. 신성이 길이요, 진리요, 생명이다   130

45. 나의 유튜브 채널의 악성 댓글에 저주가 담긴 댓글을 쓰는 이유   133

46. 지구 멸망을 위해 니비루 전투 행성이 날아오고 있다   137

47. 사람들의 눈치를 보는 비겁한 빛의 일꾼들에게 말한다   139

48. 어둠은 사람들의 불안과 두려움을 이용한다   142

49. 몇 년 안에 인류는 멸망할 것이다   144

50. 지구 멸망, 결과는 이미 정해졌다   149

51. 이번 지구멸 때 윤회 법칙이 사라진다   153

52. 인류 최후의 심판은 전 인류를 위한 일이다   157

심판의 날
구원의 방주

성서에 예언된 마지막 때에
구원받는 사람의 숫자

나는 인류 멸망에 대한 시나리오를 알고 있다.

나는 창조주의 아들로 온 자로서 금성에서 지구인으로 육화하였다. 나는 지구멸 전에 깨어난 자들을 구하라는 사명을 받았다.

지구 극이동과 멸망은 몇십 년이 아니라 몇 년 안에 끝난다. 내가 인류의 낮은 영적 수준을 어느 정도 상승시키고 나면 예정된 그 일이 일어난다! 이미 지구 곳곳에는 천계에서 수십억 명의 천사들이 내려와 자신들의 임무를 수행 중이다. 의식이 깨어나는 자들 가운데 '엔젤 넘버'를 과할 정도로 보는 이유다. 그들의 의식을 지속적으로 깨우고, 사명을 찾도록 하는 것이다!

대기권에는 빛의 속도로 가더라도 도달할 수 없는 은하계 수많은 행성에서 온 아버지의 군대인 천군 은하연합 아쉬타 사령부 16대의 모선과 은하함대 수백만 대의 우주선이 포진되어 있다. 아버지께서 지구 극이동을 위해 보내신 지구보다 4배 정도 큰 니비루 전투 행성이 다가오고 있다. 니비루 전투 행성은 지구 극이동, 지구 대정화를 위한 것이다.

이미 예정된 시나리오대로 움직이는 것이다. 내가 인류의 의식 성장과 여러 사명을 마치고 마음의 준비를 마치게 되면, 지구를 관장하시는 가이아 어머니께서 지구 극이동이 일어나게 하실 것이다.

놀라지 말라! 오랜 과거로부터 예정되어 있었던 그 일이 일어나는 것이다. 아버지를 영접한 자, 신성을 회복한 자는 남사고 선생이 쓴 《격암유록》에 나오는 은마, 철마, 백마로 표기된 은하함대 우주선이 일제히 리프팅 빔을 쏘았을 때 하늘로 들어 올려져 안전하게 은하함대 우주선 모선에 탑승하게 될 것이다! 새 나라 타우라로 이동하게 된다.

그 후 즉시 지구는 온통 지진, 화산 분출, 해일, 지각 변동이 일어나 인류 가운데 25억 명이 죽을 것이다. 들려진 자들은 새 지구 타우라 행성에서 새로운 시대를 열게 된다!

생로병사 이러한 것이 없는 낙원과 같은 곳에서 기본 1천 세를 살게 된다. 죽지 않고 계속 또 차원 상승을 해나가게 된다.

신성을 회복한 자 3.5%만
구원을 받을 수 있다

이제 돈과 시간, 온 힘을 의식을 깨우는 데 써라! 가진 재산을 다 팔아서 영생을 구할 수 있다면 그것을 해야 하는 것이 현명하지 않겠는가!

아직도 좀 더 높은 연봉을 받으려고, 더 넓은 평수의 아파트로 이사를 하려고, 노후를 생각해서 공인중개사 자격증을 따려고, 더 나은 스펙을 가지려고 하는 자들은 한심스럽다! 아무리 많은 재산이 있어도 머지않아 세계 단일정부가 들어설 것이고, 짐승표 666을 받을 것이다.

내 재산이 내 것이 아니고, 내 생명이 내 생명이 아닌 것이다. 신성을 회복하라! 그것이 너와 네 집을 구하는 길이다.

나는 결코 아둔한 사람들을 설득할 생각이 없다. 깨어남과 신성 회복은 가르치고 설득한다고 되는 것이 아니기 때문이다. 보는 눈, 들을 귀가 있는 자들만 가능하다.

인류 가운데 96.5%를 완전 소멸시키기로 아버지와 여러 신들이 합일하였다. 깨어나고 신성을 회복한 자 3.5%만 구원을 받을 수 있다는 말이다. 지금은 무슨 그런 악한 신이 있느냐, 사랑의 신인데 어떻게 그럴 수 있느냐며 아버지와 여러 신들에게 따지거나 징징거릴 여유가 없다. 아버지와 신들은 그대들의 징징거림에 질린 분들이다.

삶을 살면서 선한 일을 많이 하고 깨어나고 신성 회복을 한 자들은 비로소 이 지구가 얼마나 고통스러운 행성인지 깨닫고, 속히 아버지께서 예비해두신 새 나라로 가고 싶다는 생각이 들 것이다. 이것이 아버지의 뜻대로 산 자와 어둠의 세력들에 조력하여 악을 저지르며 산 자의 차이점이다.

나는 그저 들은 대로 전하는 것이다. 이 일이 나의 사명이기 때문이다. 믿는 안 믿든, 그대들의 자유다.

어느 종교에서도 깨어남과
신성 회복에 대해 알려주지 않는다

2024년 하반기 혹은 2025년에 한반도에 터질 것이고, 한반도는 통일이 될 것이다. 머지않아 적그리스도가 출연할 것이고 대환란의 시기에 접어들 것이다. 지구 멸망까지는 그대들이 생각하는 기간보다 훨씬 짧다. 너무 짧기에 정확한 연도를 언급하지 않겠다.

우리 부부의 재산은 모두 아버지께서 말씀하신 사명을 받드는 데 모두 쓸 것이다. 우리 부부가 가진 재산과 앞으로 벌어들이는 수입, 빛의 일꾼들이 기꺼운 마음으로 내는 기부금으로 새 예루살렘의 성전을 지을 것이다. 몇몇 사람들은 이미 부동산을 처분하기 위해 내놓았다. 이런 사람들은 그렇지 않은 자들보다 천국과 가깝다고 할 수 있다.

아버지께서는 내가 이 땅에 빛의 일꾼들과 짓는 성전은 동시성 원리에 의해 새 지구 타우라에 그대로 세워진다고 하셨다. 이제 시간이 없다! 속히 깨어나 신성을 회복하라! 지금이라도 빠르게 영적 성장을 하고 싶다면 영적 성장 과정에 참여하여 빛의 일꾼으로 전환하라!

나는 강의를 파는 것이 아니다. 어느 종교에서도 알려주지 않는 깨어남과 신성 회복에 대해 쉽게 설명해주고 돕기 위해 매주 화요일과 목요일 저녁 7시 30분에 '내면 성장', '차원 상승' 강의를 진행하고 있는 것이다. 다만, 이 과정은 종교에 세뇌된 자들, 겉과 속이 다른 자들, 악이 가득한 자들은 참여하지 못한다.

아버지 창조주께서는 아들인 나에게 한반도, 특히 내가 있는 '한책협'에서 빛의 일꾼으로 활동하는 자들 가운데 많은 이들이 상승할 것이라고 알려주셨다. 다만 아버지를 영접하지 않고 물질을 내려놓지 못한 자는 상승하지 못한다.

지구 학교에서 진행되는 졸업 시험 가운데 1차 테스트는 '현재 가진 물질을 미련 없이 내려놓을 수 있는가'이다. '새 예루살렘의 성전을 짓는 데 기꺼운 마음을 참여하는가'이다.

이것을 할 수 있는 자는 그렇지 않은 자보다 믿음이 클 수밖에 없다. 아버지 한 분만을 바라보기 때문이다. 아버지의 새 나라에는 이런 슬기로운 처녀들이 들어갈 자격이 있다.

1차 휴거되는 숫자는
8천 명이 안 된다

지금 종교에서는 1차 상승, 휴거되는 대상이 14만 4천 명이라고 말한다. 그러나 내가 아버지께 창조주께 직접 들은 바로는 그렇지 않다. 현재 상황이 너무나 좋지 않다. 심각하다고 말하는 것이 정확한 표현일 것이다.

창조주께서는 지금 이대로 간다면 1차 휴거되는 숫자는 8천 명이 채 안 된다고 하셨다. 지구 멸망 전에 81억 명의 인류 가운데 최종 구원받는 숫자가 고작 3억 명가량밖에 되지 않는 것에 대한 설명이 된다.

그러다 보니 지금 행성 지구에서는 천사들이 분주히 움직이면서 사람들을 깨우고 있는 것이다. 가능한 한 모든 수단과 방법을 동원하여 보여주고, 느끼게 하고, 깨닫게 하는 것이다.

다시 말하지만, 지금 내가 누구인지를 아는 사람들, '한책협'에서 함께하고 있는 사람들은 축복받은 사람들이다. 가장 축복받은 사람들은 나를 보지 않고 믿는 자들이다.

대부분 나에게 책 쓰는 법을 배우고 책을 쓰고 상담가, 코치, 1인 창업가, 유튜버가 된 자들이다. 그들은 오로지 물질욕을 채우기 위해 나를 찾아온 것이다. 나는 그들에게 책 쓰는 법과 성공하는 법, 부자 되는 법 등에 대해 강의하면서 의식 성장에 대해서도 가르쳤다.

하지만 그들은 자신에게 필요한 것들을 취하고 나서 나를 떠났다. 개인적으로 안타깝지만, 부와 성공, 명예에 마음을 빼앗긴 것에 대한 본인의 책임이다.

이미 지구 멸망에 대한
시나리오는 결정되었다

나는 천계로부터 지구 멸망에 대한 계시를 받았다! 나 '김도사'로 알려져 있는 김태광은 한자로 '金太光'을 쓰는 자이다. 내 이름의 뜻은 '큰 빛'이다. 우주 만물을 창조한 아버지 창조주와 지구 가이아 여신 외 여러 신들의 합의로 지구 극이동 전에 인류의 의식을 깨어나게 할 사명을 갖고 온 자이다.

몇십 년이 아닌, 몇 년 안에 있을 지구의 극이동은 천지의 대변혁이 찾아오게 되는 우주 변환의 순환 주기에 따른 것이다. 이번에 있을 극이동이 너무나 중요한 이유가 있다.

극이동 후 그동안 허용되었던 윤회시스템이 사라진다는 것이다. 고통스러운 윤회를 더 이상 안 해도 된다는 뜻이다. 다만 의식이 깨어나지 않은 자, 영적 성장이 되지 않은 자, 아직도 자신의 영적 부모가 누구인지 자각하지 못해 종교에서 우상 숭배하는 자들은 영혼의 블랙홀로 빨려 들어가서 무(無)로 흩어지게 된다.

극이동 후 지구는 멸망하게 된다. 인류들 가운데 깨어나 신성을 회복한 자들은 기본 1천 세를 사는 새 지구 타우라로 이주하게 된다. 그곳은 가난과 질병, 고통, 슬픔 같은 것은 찾아볼 수 없다. 화폐, 경찰, 검찰, 법원, 병원, 약국 같은 곳이 없다. 전화기나 스마트폰도 사용하지 않는다. 오로지 텔레파시로 소통하기 때문이다.

길가에 자동차들을 주차해둔 것처럼 다른 행성에서 온 우주선이 주차되어 있는 것을 심심찮게 보게 될 것이다. 우주선을 타고 여러 행성을 여행할 수 있는 고차원 행성이기 때문이다.

외계인(다른 존재)들과 대화를 나누거나 같이 다른 행성으로 여행을 다니기도 한다. 극락과 같은 곳이다.

이런 고차원의 세계에 들어가선 안 되는 자들을 미리 청소하는 작업 가운데 하나가 극이동이다.

인류 구원을 위해
영적 성장 과정들을 개설하다

　며칠 사이 여러 번, 대기권에서 있는 아버지의 하늘 군대 아쉬타르 사령부 은하함대 천군들이 타고 있는 우주선을 보았다. 우주선은 이리저리 비행하였다. 이것은 나 슈카이브를 위한 일종의 선물이었다.

　어떤 우주선은 같은 자리에서 회전하고 있었고, 또 다른 우주선은 유튜브에서 흔히 볼 수 있는 형태로 비행을 하고 있었다. 우주선의 비행을 보고 있는데 가이아 어머니(지구를 관장하시는 여신)께서 메시지를 주셨다.

앞으로 장차 큰일을 해야 하므로, 육체를 잘 보존하라고 하셨다. '장하다, 내 아들!'이라는 칭찬도 해주셨다.

내가 보았던 우주선에는 2023년 12월 초, 나에게 지구에서의 사명을 알려주고, 아버지 창조주의 메시지를 수십 차례 전해주었던 유리엘 대천사께서 탑승하고 계셨다. 나는 마음속으로 유리엘 대천사에게 감사한 마음과 경의를 표했다.

유리엘 대천사 이후 나를 돕기 위해 지구에 오신 가브리엘 대천사장, 라파엘 대천사, 미구엘 대천사에게도 경의를 표했다. 수많은 천군들과 천사들에게도, 모든 물질과 비물질에게 감사함을 전했다.

나는 또 지구 대기권에 정박하고 있는 우주선 모선에서 쏟아지는 빛을 보았다. 그리고 모선 아래에서 마치 물고기처럼 비행하는 소형 우주선들을 보았다. 그 우주선들은 머지않아 있을 지구 극이동 직전에 깨어나 사명을 다한 자들을 하늘로 안전하게 들려올린 후 새 예루살렘 호에 탑승시켜줄 것이다.

지구에 있는 수많은 천사와 동물, 곤충, 식물, 광물, 비물질까지, 인류의 의식을 깨우기 위해 합심하여 온 힘을 기울이고 있다.

내 귓전에 "어서 깨어나거라!", "이제 그때가 다 되었다!", "이젠 일어나야 하느니라!" 하는 소리가 들린다.

현재 여러 신이 인간의 마음속에 심어놓은 빛의 씨앗을 발견하는 빛의 일꾼들, 빛의 전사들이 내게로 모이고 있다. 나는 느끼고 있고, 들을 수 있고, 볼 수도 있다. 그들에게도 진심으로 감사함을 전한다.

유리엘 대천사는 나에게 창조주께서 성서에 나오는 모세와 다윗이 가졌던 주의 지팡이와 막대기를 주셨다고 했다.
며칠 전, 가이아 여신께서는 "창조주께서 이미 네게 힘을 더할 무기를 주었느니라. 스스로 낮추지 말거라. 너는 이미 존재함으로 위대하다! 아들아!"라고 이야기해주셨다.

그동안 내가 지구 멸망, 인류 구원에 대하여 업로드한 영상들을 보면서 나를 믿는 자들과 함께 의심하는 자들이 늘어나고 있다. 의심하고, 모욕하고, 상처 주는 말을 하는 자들도 많다. 나는 믿지 않는 자들을 설득할 생각이 없다. 내가 말하는 사실들을 받아들이든 거부하든 그것은 그들의 몫이다. 자유의지이므로 그들의 의사를 존중한다.

유리엘 대천사께서는 아버지 창조주께서는 더 이상 내가 피를 흘리지 않기를 원하신다고 하셨다. 내가 전하는 아버지로의 메시지를 외면하고, 아버지를 영접하기를 거부하는 자는 철저히 외면할 것이다. 독사의 자식과 같은 자들을 깨우기 위해 시간과 마음을 낭비하기보다 어둠 속에서 헤매고 있는 어린 양과 순수한 사람들을 건져낼 것이다.

나는 인류의 신성 회복과 구원을 위한 영적 성장 과정들을 개설하였다. 지구 극이동 직전에 벌어지는 1차 휴거를 돕기 위해 마련된 과정이다. 머지않아 진행되는 극이동, 지구의 멸망, 고차원 행성 타우라에 대해 궁금하다면, 네이버 카페 '한책협'에 가입하면 다양한 정보를 접할 수 있다.

지구 멸망 때
살아남을 수 있는 방법

누가 새로 오는 정도령, 구원자, 메시아, 미륵불인지는 중요치 않다. 이미 그는 오기로 예정되어 있는 존재다. 그대들 곁에 함께하고 있으나 그대들이 알아보지 못할 뿐이다.

그대들은 그저 지금 하는 일을 최선을 다하면서, 의식을 성장시키는 데 돈과 시간, 온 힘을 기울여야 한다. 각자의 미래는 각자가 정하는 것이다. 설득으로 되는 게 아니다.

다음 5가지를 기억하여 영적 성장에 힘써야 한다.

1. 책만 읽지 말고 책을 써야 의식이 바뀌고 저절로 삶이 달라진다.

2. 지금 이 시대는 끝나고 있다. 지금 하는 일에 최선을 다하면서 의식을 깨우는 데 돈과 시간, 노력을 아끼지 말아야 한다.

3. 우리를 만드신 창조주께서는 종교를 만들지 않았다. 지금 이 시대에 인간들이 만든 종교는 막을 내리고 있다. 하지만 여전히 죽음에 대한 두려움을 극복하지 못한 이들은 종교 시설로 향하고 있다.

4. 머지않아 오래전부터 수많은 예언가가 예언했던 극이동과 지구 멸망이 도래할 것이다.

5. 지구 멸망, 즉 영혼 추수의 때가 되면 깨어나 신성을 회복한 인류들은 지구 내부에 있는 5차원 세계인 지저 세계에서 사는 또 다른 인류인 지저인들과 상봉하게 된다. 상봉은 은하연합 아쉬타르 사령부 새 예루살렘 호에서 벌어진다.

지금 인류에게 남은 시간은 얼마 없다. 에고(ego)가 가득한 기도와 명상은 의식을 깨우는 것이 아니라, 오히려 더 큰 고통 속에 놓이게 된다.

의식 성장의 기본은 내가 한 방법대로 해보라. 네 안에 깃들어 있는 지식과 경험을 통해 알게 된 지혜와 깨달음을 책에 담아라. 책을 쓰는 과정에서 자신을 돌아보게 되고, 의식 변화가 일어남을 느끼게 될 것이다.

어제와 다른 오늘, 내일을 살기 위해 의식을 깨울 것이다. 이는 영적 성장으로 이어지게 된다. 이때 자신이 신적인 본성을 가진 빛이라는 것을 깨달을 것이다. 이것이 가장 중요한 핵심이다. 자신이 알고 있는 것을 다른 사람들에게도 전파한다면, 자신을 구원하는 것은 물론 가족과 다른 사람들을 구원하게 될 것이다!

마지막으로 지구 공통, 국가, 가족, 개인의 카르마 정화와 소멸을 위한 기도를 하라!

지금껏 수많은 윤회를 했음에도 아직 의식이 깨어나지 못한 인류들에게 기회를 주기 위해 인내하고 또 인내해주신 아버지 창조주와 지구를 관장하시는 가이아 어머니와 여러 신들과 여러 천사들에게 감사함을 전하며 경의를 표하라!

지금 이 순간에도 인간의 의식이 깨어나길 합심하여 돕고 있
는 물질과 비물질에게도 경의를 표하라!

세상 끝날을 앞두고 있는 만큼
25가지를 주의하고 경계하라

다음의 25가지 사항을 항상 주의하고 경계하라!

이에 해당하는 사람들은 바위가 사람이 되는 것이, 낙타가 바늘구멍에 들어가는 것이 더 쉬울 것이다. 다만, 지금부터라도 진심으로 자신의 행동을 뉘우치고 깨어난 자가 된다면 선택받은 자가 될 수 있다.

곧 있을 지구멸 때 인류의 96.5%는 소멸될 것이다. 그들은 원소로 환원되지만 그들의 깨달음과 지혜는 우주 중앙 도서관에 보관되어 다른 존재들의 자료로 쓰인다.

1. 지구 멸망이 가까운데 열심히 살 필요가 있느냐며 사람들을 교란시킨 자, 창조주의 아들로서 지구멸 전에 복음 전파 사명을 갖고 온 나를 조롱하고, 모욕하고, 핍박하는 자(성서에 예언된 대로 지옥의 심판을 피하지 못함. 이는 아들에게 하는 말과 행동은 아버지에게 하는 것과 같다고 기록됨)

2. 마음이 불안하고 두렵다는 핑계로 직장을 다니지 않거나 받은 월급만큼 일하지 않는 자

3. 자기가 진 빚을 갚기 싫다는 이유로, 개인회생이나 파산 신청을 생각하고 일부러 여기저기 돈을 끌어와 공돈처럼 쓴 자

4. 부모를 모욕하고, 명예훼손하고, 폭행한 자

5. 혼자 살겠다며 가족을 버리고 산이나 종교시설, 명상센터로 피신한 자

6. 곧 세상의 종말이 온다는 핑계로 갚아야 할 빚도 갚지 말고 국가의 세금을 내지 않는 자

7. 그냥 둔다면 스스로 마음속에 심어둔 빛을 깨워 신성을 회복할 사람들을 종교시설로 꾀어 구렁텅이에 빠지게 하는 자

8. 신은 종교시설이 아닌 모든 곳에 계신다고 말하는 자를 모욕하고, 핍박하는 자

9. 죽음에 대한 불안과 두려움을 돈벌이로 이용한 종교 지도

자들, 그들을 맹신하고 추종하는 자

10. 자기 일을 충실히 하면서 선행을 베푸는 자를 업신여기거나 핍박하는 자

11. 책이나 유튜브를 통해 마치 자기가 전문가인 양 행세하면서, 그냥 두어도 경제적 문제로 마음이 괴로운 자들의 돈을 갈취한 자

12. 자기의 행동이 정당하지 않음을 알면서도, 자기와 같은 사람들과 무리 지어 서로 뒤를 봐주면서 반복적으로 가난한 사람들의 돈을 갈취하면서 나쁜 짓을 행하는 자

13. 마음을 다해, 영혼을 다해 모든 것을 알려준 스승의 것을 자기 것으로 포장하여 가난한 사람들의 돈과 시간, 마음을 갈취한 자

14. 물질 세계에서 누리는 것들은 모두 헛것임을 깨달았으면서도, 영적 성장에 힘쓰지 않는 자

15. 바뀌지 않을 부모, 형제, 가족에 대한 염려로 자신의 신성 회복을 게을리한 자(이 죄가 가장 크다)

16. 가족처럼 생각하기로 맹세하고 반려동물을 데리고 와놓고선 각종 변명과 핑계로 유기한 자(반려동물들도 영혼이 있고, 그들만의 천국이 있으며 우리와 텔레파시로 대화할 수 있다)

17. 오로지 돈벌이를 목적으로 동물을 쇠창살에 가두고 공장형으로 강아지를 번식시킨 자(상승의 그날에 곧 위치가 바뀔 것임)

18. 지구멸이 가까워졌다는 핑계로 노동은 하지 않고 남을 기망하여 재물이나 재산상의 이득을 취한 자(이미 자신의 복을 헛것에다 모두 사용하였으니 상승 불가)

19. 일은 하기 싫고 돈은 벌어야겠고, 간악한 마음으로 실업급여를 상습적으로 받은 자

20. 금전을 취할 목적으로 혼인 빙자 사기를 친 자

21. 인간의 마음에는 양심이라는 판관이 있어 자기가 누구인지 정확히 알고 있음에도 그리스도 '재림예수'라고 사칭한 자(사람들을 속일 수 있을지 몰라도 이 자는 스스로 영혼 추수의 날에 자신이 어디로 갈지 잘 알고 있음)

22. 이 시대가 끝이 나고 있고, 곧 지구멸이 시작된다는 이야기를 접했지만, 깨어나지 못하여 명예욕, 권력욕, 물질욕에 사로잡혀 있는 자

23. '주여, 주여!' 하고 외치지만 마음속은 부모와 가족, 물질에 대한 미련으로 가득차 있는 자

24. 깨어남, 신성 회복이 무엇을 의미하는지 모른 채 '깨어나겠다', '신성 회복하겠다'라고 앵무새처럼 외치는 자

25. 전생, 전전생, 현생의 언어의 카르마를 정화, 해소하기 위해 노력하지 않은 자

앞에서 언급한 사항들 외에 더 있으니 굳이 언급하지 않겠다. 마음 안의 양심이라는 판관이 이끄는 대로 행동하면 될 것이다.

이 사항에 대하여 안일하게 여기고 있는 자, 죄의식이 없는 자들은 특히 의식 지수, 영격이 너무나 낮아서 상승의 그날이 되면 절대 살아남지 못한다! 이 말은 인간 김도사가 아닌 창조주의 아들로 온 슈카이브가 말하는 것이다.

종교시설을 찾는 사람들의
3가지 공통점

종교 시설을 찾는 사람들에게는 3가지 공통점이 있다.

첫째, 살면서 지은 죄가 너무 많은 탓에 기도라도 해서 죄 사함을 받고 싶어 한다.

둘째, 죽음과 죽음 이후의 세계에 대한 두려움을 극복하지 못하여 종교에 기대고 싶어 한다.

셋째, 열심히 신앙 생활을 하면 저절로 천국에 간다고 믿고 있다.

영혼 추수 때 이들 중 90% 이상이 진정으로 회개하지도, 깨어나지도 못하여 지옥의 불 못에 던져질 것이다. 종교를 믿는 자들 가운데 이러한 자들이 대부분이다.

사명 앞에 비겁한 자는
그날, 땅에 남겨질 것이다

빛의 일꾼들은 들어라! 힘들다고 투덜대면서 최선을 다한다고 말하는 자에게 화가 있으리! 힘들면 안 하면 될 것이다.

자신의 영적 신분과 역할과 사명을 알면서도 하지 않는 자의 죄는 더 무겁다. 다른 이들을 교란하여 신성 회복을 방해하거나 사명을 방해한 자는 소멸 처리된다. 절대 용서받을 수 없다.

나 슈카이브는 지구멸 전에 인류의 구원을 위해 아버지께서 보내신 자이다. 가이아 아머니께서는 내게 존재하는 것만으로 위대한 자라고 하셨다. 나는 그동안 15년 동안 300권의 책을 썼고, 1,200명의 평범한 사람들을 단 몇 개월 만에 책을 쓸 수 있도록 가르쳤다.

그들이 나를 만나서 갑자기 신적인 능력이 생겨서 그렇게 된 것인가? 나는 그들의 명확하지 않은 마인드를 명확하게 바꾸어 주었고, 그들의 가난한 의식을 부의 의식으로 바꿔주었다.

나는 사람들을 판단할 때 겉모습 보고 판단하지 않는다. 오로지 그 사람의 생각과 말과 행동, 특히 패턴을 읽는다. 그리고 3수를 읽기 때문에 상대가 왜 그런 말과 행동을 하는지 짚어낼 수 있다.

내가 말한다. 모든 빛의 일꾼들에게는 아버지께서 맡기신 사명이 있다. 그 사명을 알고 행함에 있어 '힘들다, 바쁘다, 언제까지 이 일을 해야 하나…' 이런 생각을 하고 말과 행동을 하는 자는 온전히 사명을 따르지 않는 자이다.

세상 끝날에 자신이 가졌던 생각과 했던 말과 행동에 합당한 대가를 치르게 될 것이다. 특히 빛의 전사들과 빛의 일꾼들은 내 말을 똑똑히 들어라!

　자기 자신의 잘못에 대하여 관대하게 적용하고, 타인에게는 자로 잰 듯이 적용하는 자, 자신의 잘못을 알면서도 '창조주님 께서 그래도 나를 예뻐해주시겠지, 사랑해주시겠지', 이런 이기 적인 부도덕한 마음가짐으로 행하는 자는 곧 있을 1차 휴거 명 단에서 이름이 제외되었다. 안 믿는 자들과 같이 땅에 남겨질 것이다.

사명은 성서에 기록된 바와 같이
두 배의 법칙대로 행하라

나는 15년 동안 '한책협'에서 제자들에게 글쓰기, 책 쓰기, 의식 변화, 사후 세계에 대해 가르쳤다. 그렇게 할 수 있는 이유는 가장 먼저 나 자신을 바꾸었고, 소망하는 모든 것들을 성취하였기 때문이다.

언어 장애를 강연가로 승화시켰고, 가난을 부와 풍요로 승화시켰고, 나의 이기적인 마음을 인류애로 승화시켰고, 용기가 없었던 마음을 용맹함으로 승화시켰고, 지금 내게 주어진 사명 또한 영혼을 다하여 임하고 있다.

성서에 보면 예수께서 제자가 된 자가 스승을 넘어설 수 없으며, 종이 주인을 넘어설 수 없다고 하였다.

가장 선하신 이는 아버지이시며,

가장 완벽하신 이 역시 아버지이시며,

빛의 자녀들을 구하실 이도 아버지이시며,

악의 무리를 심판할 자도 아버지이시다.

나는 그저 그분의 아들이면서 구원자이자 심판자로 이 땅에 왔다.

나는 아버지께서 하라는 대로만 하는 자이다.

나는 세상과 사람의 눈치를 보지 않는다.

오로지 아버지의 말씀에 순종하는 아들이다.

그래서 내가 하는 생각과 말과 행동은 옳다.

빛의 일꾼들은 들어라! 자신의 사명을 힘들게 여기고 있으면서 자신은 최선을 다하고 있다고 말하는 자는 자기 자신과 아버지, 나를 속이는 자다. 빛의 전사, 빛의 일꾼, 하물며 천사일지라도 화가 있으리! 내가 용서치 않을 것이다.

성서에 적혀 있는 두 배의 법칙대로 행하면 될 것이다. 누군가 오리를 가자고 하면 기꺼이 십 리를 동행하려는 마음가짐으로 행하면 된다. 나는 빛의 전사, 빛의 일꾼일지라도 오염된 자를 정확하게 가려낼 수 있는 영안(靈眼)이 있다.

지구 멸망은 반드시
이 시대에 일어난다

나는 천계로부터 듣고 쓴다. 그동안 수많은 예언자가 예언한 지구 멸망이 '반드시' 이 시대에 일어난다. 농부가 봄에 씨앗을 심기 위해 쟁기로 땅을 갈아엎듯이, 이 땅 위에 있는 모든 것들은 하나도 남지 않을 것이다. 그대들이 나름 피땀 흘려 이룬 것들이 모두 사라질 것이다.

지구가 생겨난 이래 한 번도 경험하지 못한 엄청난 일들을 느끼고, 보고, 듣고, 겪게 될 것이다. 사랑하는 이들과 흩어질 것이다. 대부분 영혼의 블랙홀로 빨려 들어가 더 이상 존재하지 않게 될 것이다.

극이동 전에 일어나는 지진은 단순한 지각 변동이 아니다. 인류의 의식을 깨우고 각자 내면에 있는 양심을 흔들어 그동안의 잘못된 행동에 대해 반성하고 뉘우치도록 하기 위함이다.

더 늦기 전에, 지금 하는 일에 최선을 다하면서 돈과 시간을 써서 영적 성장에 온 힘을 기울여라. 예정된 일은 이 시대에 모두 끝날 것이고, 4차원 시대가 도래할 것이다.

나는 천계로부터 들은 내용을 그대로 전한 것이다. 따르든 외면하든 그대들의 자유의지다. 나는 선택된 자들과 함께 하늘로 올라갈 것이다. 그리고 새로 시작되는 시대에서는 다시는 그러한 일들이 일어나지 않을 것이다.

지구 멸망까지
얼마 안 남았다

창조주께서는 종교가 없으며 종교의 시대는 끝났다! 창조주께서는 인간의 방식으로 자기계발을 하지 않으며, 인류의 영적 성장을 위해 여러 공동 저자들에게 복음서를 쓰게 하셨다! 책쓰기가 진짜 자기계발이자, 영적 성장의 도구이다!

영격이 저급한 종교 지도자들은 하나같이 입으로는 사랑, 공경, 헌신, 순종을 외치나 그들의 마음을 들여다보면 사악함과 물질욕, 명예욕으로 가득하구나!

이미 그들의 위치는 창조주보다도 높고, 여러 신들보다도 높구나!

현생이 영원히 지속될 것이라고 착각하는구나!

내 눈에는 그들의 현관문 앞에 검을 든 소멸의 천사가 찾아와 그들 앞에서 미소를 짓고 있는 것이 보이는구나!

어둠은 죽음에 대한 두려움을 스스로 극복하지 못한 자들을 먹이로 삼을 것이다. 그들의 돈과 시간과 마음을 훔칠 것이다. 그리하여 곧 있을 지구 극이동 때 3분의 1이 죽을 것이며, 심판의 날에 살아남는 자가 거의 없을 것이다.

그들의 영혼은 불 못에 던져져 원소로 돌아갈 것이다. 소멸된다는 말이다. 종교 지도자들은 인간의 육신은 없어지더라도 영혼은 죽지 않음을 알고 있다. 반복적으로 윤회한다는 것 또한 잘 알고 있다.

그들을 맹신하고 추종하는 자들 가운데 들을 귀 있는 자는 들어라! 절대 교회, 성당, 절에 다닌다고 해서 천국이나 극락에 간다고 착각하지 말라! 절대 그런 일은 일어나지 않는다.

종교시설을 찾는다고 해서 구원을 받는다면 학생이 스스로 공부하지 않으면서도 학원에 다니면 명문대 가는 것과 같은 이치다. 강사가 학생을 대신해서 공부하고 시험까지 쳐주는 일이 없는 한, 그런 일을 불가능하다. 아무리 실력이 있는 학원에 다니더라도 학생 개인의 자기주도학습 능력이 내재되어 있어야 한다.

교회가 신도들을 깨어나게 하고 신성 회복을 도와 구원으로 인도할 수 있다면 지금처럼 교회가 5만 개가량 되지도 않을 것이다. 이는 편의점 개수에 맞먹는 숫자이다. 교회는 타락하였고 오염되었기 때문에 프랜차이즈를 창업하다시피 교회가 우후죽순으로 생겨나는 것이다.

대부분 힘든 일은 하기 싫고, 사람들에게 '목사님', '전도사님' 대우를 받으며 편하게 밥벌이하고 싶은 것이다. 종교를 믿든 믿지 않든 지구멸을 앞둔 이 시대에 자신의 사명을 찾아 행해야 한다.

의식이 깨어난 자, 신성을 회복한 자, 자신의 신분을 영적세계에 두고 있는 자가 아버지의 새 나라에 갈 수 있다. 그동안 내가 특히 마음을 써준 이들 가운데 깨어나거나 자신의 사명을 찾은 이가 없다. 깨어난 자는 오래지 않아 다시 잠들었고, 깨어나는 과정에서 가족의 방해로 깨어나지 못했다.

내가 보기에 자기 자신이 마음이 평안하다고 생각할 정도로 카르마를 정화, 소멸시킨 이가 없다. 입술로는 자신의 잘못을, 죄를 부끄럽게 여기고, 반성한다고 하지만, 그 마음속에는 이기심, 재물욕, 명예욕, 미움과 원망의 불씨가 그대로이다. 그 작은 불씨 하나가 자신은 물론, 가족 온 집안을 태울 것이다. 곧 있을 그날에 스스로 위치를 결정할 것이다!

신성이 길이요, 진리요, 생명이다. 깨어나 신성을 회복한 자는 곧 있을 극이동 직전에 일어나는 1차 휴거 때 휴거될 것이다. 하늘로 안전하게 들려져 새 지구 타우라에서 새로운 삶을 이어갈 것이다.

지금까지는 인간이 죽으면 재생, 갱생, 즉 윤회의 기회가 있었다. 그러나 이번에 일어나는 지구 종말에는 홀로그램으로 만들어진 가짜 4차원 사후 세계, 천국과 지옥은 폐쇄된다. 동시에 윤회의 법칙 역시 사라진다. 이 말은 인간이 죽으면 더 이상 윤회의 기회가 없다는 말이다.

　최근에 죽은 자들, 지금 죽는 자들은 가짜 사후 세계에서 대기하다가 종말 때 심판을 받게 되어 있다. 깨어나지 않은 자, 신성을 회복하지 않은 자, 종교에 세뇌되어 다른 사람들을 종교를 믿게 끌어들인 자, 아버지보다 물질을 더 사랑하는 자, 깨어났다고 착각하는 자는 모두 소멸될 것이다.

　나는 창조주의 아들로 온 자로서 말하는 것이다. 내 말을 의심하지 않고 듣고, 들은 대로 행하는 이는 복이 있다.

안식일은 창조주의
자녀들을 위한 날이다

　성서에서 말하는 '구덩이에 빠진 양 한 마리'는 당신을 뜻한다. 더 이상 안식일에 종교시설에서 시간을 낭비하지 말라. 안식일은 창조주의 자녀들을 위한 날이거늘 안식일이 자녀들의 위에 있는 것이 말이 되느냐!

　안식일에 저급한 영인 종교 지도자들이 만든 교리를 지키기 위해 구덩이(가난, 고통, 방황)에 빠진 자신을 외면하는 어리석은 자가 되지 말라! 창조주의 자녀는 안식일 위에 있고, 안식일보다 더 귀하다.

더 이상 어둠의 자식이 되지 말고 빛을 향해 걸어가는 빛의 자녀가 되어라.

내가 가장 경멸하는
단어 2가지

1. 스승님

2. 존경합니다

1번에 대하여

: 나에게 코칭받은 제자들 가운데 나를 스승으로 호칭하는 사람들이 있다. 앞으로는 그냥 슈카이브님으로 불러주는 것이 더 편하다. 나는 누군가의 스승이 될 자격이 되지도 않고, 그럴 생각도 없다.

사람의 마음이 워낙 간사하여 현재 자신의 마음 상태가 넉

넉하고 행복하기 때문에 나를 스승으로 존칭하는 것이다. 그러나 잠시 후 뜻한 대로 잘되지 않거나 조금이라도 서운함이 들면 "이 사람이!", "당신!", "김태광 씨"라고 하는 자들이 많았다.

'하나를 보면 열을 안다'라는 말이 있다. 이들은 다른 사람들에게도 이와 같이 할 것이고, 의식 성장 역시 바닥이다.

마지막 날에 스스로 자기 위치를 결정하게 될 것이다. 어둠의 자식들이니 어둠 속으로 계속 걸어가게 된다.

2번에 대하여

: 대부분의 사람들은 그 사람의 인격이 아닌 영격(영의 품격)을 보기보다 물질계의 기준, 즉 자산이 많고 그저 유명하다는 생각이 들면 별 생각 없이 "존경합니다"라는 말을 사용한다.

네이버에 '존경'이라는 단어의 뜻을 검색해보았다. 유명한 정치가, 유명한 기업가, 유명한 작가, 유명한 강사, 유명한 유튜버 등, 이들을 만나고 싶어 안달하고, 만나면 셀카를 찍어서 SNS에 인증하여 마치 자신이 그 사람과 친분이 있는 양 과시한다.

하지만 이러한 것은 다 '헛것'임을 잘 알고 있다. 지금은 "존경합니다" 하고 말하지만, 머지않아 사람들의 구설에 오르게 되면, 가장 먼저 앞장서서 손가락질하고 비난하게 될 것이다.

마치 성서에 나오는 수석 제자였던 베드로와 같은 행동을 하게 된다. 그는 스승 예수께서 큰 어려움이 닥치기 전에는 목숨을 다해 따를 것이라고 자신 있게 말하였다. 그러나 그는 예수가 체포된 후 자신의 목숨이 위태로울까 두려운 나머지 닭이 울기 전에 세 번이나 스승 예수를 모른다고 부인하였다.

나는 어떠한 경우에도 사람들에게 "존경합니다!"라는 말을 듣고 싶지 않다. 내게 이런 말을 하는 사람과는 같이 말도 섞지 않을 것이며, 카카오톡도 차단할 것이다.

누군가에게 존경한다는 말을 쓰기 전에 이 사람을 평생 존경할 수 있는지 생각해보고, 그럴 수 없다면 절대 쓰지 말기를 바란다. 존경이라는 단어는 그만큼 무겁고 위험한 발언이기 때문이다.

그래서 나는 절대 "존경합니다"라는 말을 쓰지 않는다. 가장 선하신, 이 아버지 창조주 외에 존경을 받아 마땅한 존재는 없다.

지금부터 천계에
의식 화폐를 저축하라

책을 쓰는 일을 가볍게 생각하지 말라!

책을 쓰는 것이 아니라, 당신 안에 깃들어 있는 살면서 알게 된 지식과 다양한 체험을 통해 깨달은 것들, 지혜를 담는다고 생각하라. 책이라는 그릇에 그러한 것들을 담게 되면, 당신은 진정 못나고 부족하게 생각했던 자신에 대해 좀 더 자세히 알게 될 것이다.

의식 성장의 기본은 "너 자신을 알라!" 소크라테스(Socrates)가 한 말 그대로다. 자기 자신을 알지 못하고 아무리 기도하고 명상하고 고행을 해봤자 에고만 커진다. 사람들이 아무리 돈과 시간, 마음을 쏟아도 의식 변화가 되지 않는 이유다.

　당신이 말하는 책들은 겉으로는 영적 구원과 관계가 없어 보일지 모르나 그 속을 들여다보면 그 책을 쓴 저자들의 지식과 경험, 깨달음이 담겨 있다. 천계와 새로 펼쳐지는 고차원 세계에서는 각자의 지혜와 깨달음이 돈, 화폐가 된다.

　지금부터 천계에 의식 화폐를 저축하라. 나는 그렇게 할 수 있도록 훈련되었다. 지금 그 역할과 사명을 감당하고 있다.

온 힘을 다하여 들판에서
알곡과 쭉정이를 가려내자

'깨어나 신성을 회복하라!'

이 말의 뜻은 그동안 망각하고 있었던 '그대가 신이라는 것'을 인식하고, 깨달아야 한다는 것이다. 궁극적으로는 영적 성장을 통한 아버지 창조주와의 합일이다.

빛의 일꾼들은 나와 함께 캄캄한 어둠을 밝히는 등불이 되어 앞으로 나아가야 한다. 어둠 속에서 헤매는 자들을 건져내야 한다. 아버지께서는 자기에게 주어진 사명을 다하는 자들은 새 나라에서의 상이 크다고 하셨다.

나와 함께 추수를 앞두고 있는 들판에서 온 힘을 다하여 알곡과 쭉정이를 가려내자. 이제 그날이 속히 오리니 충만한 마음으로 추수하자. 머지않아 동쪽 하늘 끝에서 서쪽 하늘 끝까지 선택된 자들을 부르는 나팔 소리가 울려 퍼질 것이다.

휴거 당일 세상에 벌어지는
전 세계적 상황

　성서 '요한계시록'에 보면 지구 극이동이 벌어질 때, 이마에 인침(도장)이 있는 자들은 선택받은 자들이라고 기록되어 있다.
　그런데 이 부분에 대해 사람들이 오해를 하고 있다. 내가 좀 더 쉽게 설명하겠다.

　지구 극이동이 벌어지기 직전에 지구 대기권, 그리고 하늘에 있는 천군(아버지의 군대), 즉 은하연합 아쉬타르 사령부 은하함대 우주선들이 일제히 쉬프트 빔(리프팅 빔)을 쏘게 된다. 인류 중 단 한 명도 쉬프트 빔을 맞지 않는 자는 없다.

이때 깨어난 자, 영적 성장이 된 자들의 가슴에는 빛이 나고, 이마에는 별 모양의 빛(도장)이 나타나게 된다. 다만 깨어나 신성을 회복한 자, 의식 지수가 높은 자들은 쉬프트 빔을 맞는 순간 저절로 육신이 원소 형태로 분해되기 시작한다.

어떤 사람은 친구들과 식사를 하는 도중에, 어떤 사람들은 가족들과 산책을 하는 도중에, 어떤 사람은 거리를 걸어가는 도중에 휴거될 것이다. 감쪽같이 사라진다는 뜻이다.

우주선들이 쏘는 쉬프트 빔은 빛의 심판과 같다. 깨어난 자, 신성을 회복한 자, 사명을 다한 자의 영혼만 하늘로 올라가게 된다. 육체는 원소 상태로 환원되기에 안개처럼 사르르 흩어지게 된다.

이들은 안전하게 161km 크기의 모선들 가운데 1호 모선인 새 예루살렘 호에 탑승하게 되는 것이다(나는 어제 새벽에 나와 함께했던 자들과 새 예루살렘 호에 탑승한 꿈을 꾸었다).

모선에 탑승한 이들의 육체는 모선의 진동수와 일치되도록 조정되고 반물질체로 바뀌게 된다.

휴거가 벌어지고 나면 우리나라를 비롯하여 전 세계의 언론사와 방송사는 앞다투어 휴거에 대해 일제히 기사를 내보내고 방송을 한다. 이들은 성서에 나오는 그대로 아버지 창조주를 믿는 자들이 휴거된 것임을 알면서도 물타기 기사와 뉴스를 송출할 것이다. 전 세계적으로 수많은 사람들이 외계인들에 의해 납치되었다고 떠들어댈 것이다. 하늘에 떠 있는 수많은 우주선이 인류를 납치하기 위해 와 있는 것이라고 호도하고 왜곡시킬 것이다. 휴거되지 못한 인류 중에 대부분은 자신들이 가진 불안과 두려움을 합리화시키기 위해 동조하게 된다.

선택받지 못한 자, 깨어 있지 못한 자들은 '요한계시록'에 나오는 그 모든 환난을 부모, 형제, 가족들과 직접 겪으면서 죽게 될 것이다. 그들이 사랑하는 부모, 형제, 자녀들이 짐승의 표를 받은 탓에 마음이 사라지고 생각을 할 수 없는 존재가 되었음을 알지 못한다. 자신 역시 그러한 좀비와 같은 짐승이 되었기 때문이다.

그토록 지키고 보호해주고 싶었던 가족들에게 물어뜯기는 고통스러운 시간을 보내게 된다.

그리고 심판의 날에 영혼이 불 못에 던져지거나 디스토피아 다몬 행성으로 가게 된다.

그곳에서 어느 정도 시간을 보내다가 한날한시에 소멸될 것이다. 그렇게 예정되어 있다. 이제 몇 년 후면 수많은 사람들의 고통스러운 비명소리, 통곡하는 소리, 슬픔에 찬 울음소리가 지구 전역을 뒤덮을 것이다.

이제, 성서 '요한계시록'에 나오는 선택받은 자들의 이마에 있는 표식에 대하여 제대로 이해가 되었으리라 생각한다.

과학은 창조의 법칙
위에 있지 않다

곧 있을 휴거와 지구 멸망, 인류 구원 메시지를 전하는 나를 욕하고 비난하는 자들이 많다.

나를 욕하고 비난해도 좋다. 나는 3차원에 존재하는 영이 아니라 무차원이기 때문이다.

지구 멸망에 대한 모든 시나리오는 이미 정해졌다. 그날은 속히 올 것이다.

내가 말한다.

과학을 맹신하지 말라!

과학은 창조의 법칙 위에 있지 않다.

의식 지수가 '과락'되면 몇 년 후 영혼 추수의 날에 소멸된다

나는 지구 멸망이 가까이 왔다는 것을 한눈에 알아보겠는데, 다들 너무나 안일하다. 그게 더 나의 마음을 아프게, 두렵게 한다.

곧 한반도에 전쟁이 일어날 것이다.

지구 대기권에는 아쉬타르 사령부 은하함대의 수백만 대의 우주선들이 포진하여 명령을 기다리고 있다. 그날이 되면 우주선들은 깨어난 자들을 하늘로 상승시키기 위해 지상과 가까운 하늘로 내려올 것이다.

이미 천계에서는 모든 준비가 다 끝났다. 나는 지구인으로 육화하기 전에 금성에서 머물고 있었다. 내가 지구인으로 육화한 것은 아버지 창조주와 여러 신들과의 합일에 의해 인류의 의식을 상승시키기 위해서다.

인간들 스스로 자신이 신성을 가진 빛이라는 것을 깨달을 수 있도록 돕기 위해 온 것이다.

지금 당장 의식 성장에 힘써라!

시간은 아끼되, 물질(돈)과 노력은 절대 아끼지 말라! 반드시 영적 성장을 이루어라!

의식 지수가 '과락'되면 몇 년 후 영혼 추수의 날에 소멸될 것이다.

나는 창조주의 아들로 왔지만, 내가 그대들을 대신해서 의식 성장, 신성 회복을 해줄 수 없다.

절대 포기하지 말라!

의식 성장은 한순간에도 가능하기 때문이다.

온 힘을 다하여 자신이 입고 있는 두루마리를 빨면서 깨어나기 위해 힘쓰길 바란다.

딱 2가지만
하면 된다

딱 2가지만 하면 된다.

첫째, 자기계발의 끝인 책을 쓰는 것

둘째, 공부의 끝은 영성 공부를 통하여 깨어나는 것

이 2가지만 하면 깨어나 신성 회복을 할 수 있다.

물론 여기에다 빛의 일꾼으로서 자신에게 주어진 역할을, 사명을 다해야 한다.

그러할 때 곧 있을 1차 휴거의 날에 하늘로 올라갈 수 있다.

나는 2천 년 전 예수의
'현존'이다

지구 멸망, 그때가 왔을 때 가장 안전한 나라는 한반도이다. 나는 창조주의 아들로서 지구 종말을 앞둔 이 시대에 가장 중추적인 역할을 하는 한반도에 육화한 신인(神人)이다.

슈카이브의 곁에서 깨어나 각자에게 주어진 사명을 행하면 세상 종말 때 살아남을 수 있다.

나는 금성에서 지구인으로 육화하였으며 사람들의 경제적 풍요를 돕는 일을 해왔다. 내가 이 땅에 온 목적은 사람들의 의식 성장, 깨어남과 신성 회복에 대한 진리를 설파하기 위함이다.

나는 2천 년 전 예수의 '현존'이다.

아직도 종교가 자신과 가족을 구원해줄 거라고 믿는 자들에게는 아직 '그때'가 오지 않았으나 이미 그때가 온 것이나 다름없다.

종교 지도자들과 그들을 추종하면서 그들에게 조력하는 신도들 역시 함께 지옥의 불 못에 던져질 것이다.

아버지 창조주와 가이아 어머니, 여러 천사들, 천군들에게 드리는 기도

나의 아버지 창조주님, 그리고 그 아래 여러 신들과 대천사들과 수많은 천사, 물질과 비물질에게 고합니다!

나와 함께하는 이들을 항상 지켜주시고, 보호해주시고, 어둠의 세력들의 교란에 마음이 흩어지지 않도록 해주소서.

지금 가이아 어머니께서 관장하시는 행성 지구는 마치 산모가 산통을 못 이기고 출산을 앞둔 것과 같은 상황에 있습니다. 그동안 인간들이 만든 카르마의 무게를 혼자서 감당하고 계시는 가이아 어머니께 죄스러운 마음, 그리고 감사한 마음과 함께

고개 숙여 경의를 표합니다!

　이제 곧 벌어지는 대재앙 극이동이 시작되기 전에 깨어난 자들을 건져내기 위해 하늘 대기 중에 아쉬타르 사령부 은하함대 모선과 수백만 대의 우주선에 타고 있는 천군 사령관들과 수많은 천군들에게도 감사한 마음과 경의를 표합니다!

　저는 창조주님의 거룩한 뜻이 훼손되지 않고 잘 지켜질 수 있도록 영혼을 다하여 사명을 감당할 것입니다!
　저의 생각과 마음과 영혼은 이미 영의 세계에 있으니 그 어떤 것도 두렵지 않습니다.

　저는 수많은 천사들과 아버지의 군대 천군들이 항상 저를 지켜주고 보호해주고 있음을 잘 알고 있습니다.
　항상 저의 곁에서 여러 천사들이 제가 해야 일과 가야 할 길을 알려주고 있으니 마치 깜깜한 밤길을 등불을 들고 걷는 것과 같습니다.

　이 지구에 있는 모든 물질과 비물질이 저를 도와 아버지의 거룩한 뜻을 이룰 것입니다.

2천 년 전, 또 다른 차원의 나 예수가 이루지 못했던 그 일을 이번에 꼭 완수하겠습니다.

이 세계의 물질 화폐는
'헛것'이다

　사명은 내가 갖고 싶다고 해서 가질 수 있는 것이 아니다. 반대로 거부하고 싶다고 해서 그럴 수 있는 것도 아니다.

　황제의 아들이 아버지로부터 군대를 이끌고 나가서 적을 물리쳐서 백성을 구하라는 명을 받으면 아들은 자신의 생각과 판단을 내려놓고 따라야 한다.

　사명이란 그런 것이다. 더군다나 창조주, 천계로부터 오는 사명의 무게는 그 무엇과도 비교할 수 없고, 가늠할 수 없다.

지금 이 시대의 수많은 유튜버들이 지구 극이동, 멸망, 리셋에 관한 영상들을 올리고 있다.

그들 가운데 누구 한 사람 신분과 얼굴을 공개하는 이가 없다. 그들은 신분과 얼굴을 철저히 감추고 지구 멸망과 리셋에 관한 영상으로 두려움을 조장하고 있다.

그들 가운데 일부는 빛의 일꾼으로 자신도 모르게 그러한 일을 하는 자들도 있을 것이다. 대다수는 부주의 맹시에 빠져 자신도 모르게 어둠의 세력을 도와 그런 영상들을 올리고 있다.

그들과 나의 차이는 이것이다! 나는 나의 신분과 얼굴 등 모든 것을 공개하고, 영적 전쟁에 나섰다. 그만큼 나는 위험해졌다. 때로는 내 목숨을 위협받을 것이며, 내 가족들까지 안전하지 않을 수 있다.

하지만 나는 사명을 감당해야 할 자로서 모든 것을 내려놓지 않으면 안 된다. 나의 영은 이미 다른 차원에 있기 때문이다. 그 무엇도 두렵지 않다. 항상 나와 가족들은 천사들과 천군들이 둘러싸서 지켜주고 있다.

나를 해하고자 하는 자가 있다면 갑작스러운 심장마비, 뇌출혈, 교통사고, 그리고 집안과 가족에게 우환이 생기게 하여 그 일을 멈추게 할 것이다.

몇몇 사람들이 '지구 멸망을 앞두고 영성에 대해 가르치면서 왜 돈을 받느냐?'고 묻는다. '재림 예수라고 불리는 자가 돈을 받으면 되느냐?'고 묻는다!

나의 또 다른 차원 나, 2천 년 전의 예수는 "거룩한 것을 개에게 주지 말며 너희 진주를 돼지 앞에 던지지 말라. 저희가 그것을 발로 밟고 돌이켜 너희를 상하게 할까 염려하라"라고 말했다. 이는 내가 진행하는 교육 과정에서 대가를 받는 것에 대한 나의 대답이다.

그들은 내가 10만 원을 받든, 100만 원을 받든, 1,000만 원을 받든 똑같이 비난할 것이다.
마음이 가난하기 때문이다!

우리 부부의 전 재산은 나의 아버지 창조주께 드렸다. 사명을 행하고 새 예루살렘의 성전을 짓는 데 귀하게 쓰일 것이다. 앞으로 벌어들이는 물질적 돈 역시 마찬가지다.

이제 3차원 세계는 막을 내리고 있으니, 곧 지금의 물질 화폐는 '헛것'이다. 내가 말하는 의미를 아는 자는 영적 성장, 언어의 카르마를 정화하고 해소하여 의식 화폐를 저축할 것이다. 그 돈이 장차 있을 지구몋, 지구 리셋 때 그대를 구하게 될 것이다!

아버지께서는 나에게 화폐에도 나의 상승을 돕는 돈이 있고, 나를 끌어내리는 돈이 있다고 알려주셨다.

상승을 돕는 돈을 가진 자는 그날에 스스로를 도울 것이나, 그렇지 못한 돈은 그날에 땅에 남겨지게 하는 데 일조할 것이다.

영혼 추수의 날에
불 못에 던져지는 이유

들을 귀가 있는 자는 들을 것이다!

의식주를 제대로 해결하지 못하는 가장 큰 이유는 손발이 게으르기 때문이다.

경제적 자유를 이루지 못하는 가장 큰 이유는 지혜롭지 못하기 때문이다.

사람들에게 휘둘리고 상처받는 가장 큰 이유는 명확하지 못하기 때문이다.

타인을 기망하여 이룬 부가 결국 흩어지는 가장 큰 이유는 본래부터 자신의 것이 아니었기 때문이다.

곧 그때가 이르리니 건져내는 자들의 편이 아닌, 버려질 자들의 편에 서게 되는 가장 큰 이유는 깨어나지 못하여 신성 회복이 안 되었기 때문이다.

인류가 멸망하니 속히 깨어나라는 진리를 들었음에도 불구하고 부와 성공, 명예 때문에 여전히 잠들어 있기 때문이다. 아버지의 자녀임을 깨닫지 못하여 어둠에 조력하였기 때문이다.

지은 죄가 많음에도
회개하지 않는 자들에게

어떤 사람이 온갖 악행을 저지르면서 살았다. 주변 사람들은 물론, 불특정 다수에게 공연히 글로써, 말로써 상처를 주는 일이 다반사였다. 그에게 상처받은 자들은 혼자서 괴로워하고, 억울해하고, 분노하고, 심지어 어떤 사람은 목숨을 버릴 생각마저 하였다.

한 사람이 너무나 억울하고 분통하여, 피눈물을 흘리다가 그를 수사기관에 고소하였다. 그는 그동안 죄를 짓는 일을 밥 먹듯이 하였던 자여서, 이번에도 잘 빠져나가겠거니 가볍게 여겼다.

그러던 어느 날, 살면서 사람들에게 온갖 상처를 주고, 죄를 많이 지은 자가 친구들과 음식점에 가게 되었다.

안에서 새는 바가지가 밖에서도 샌다는 말이 있다. 이자는 음식점에서 자기가 무슨 깡패 집단의 우두머리인 양 술에 거나하게 취해 주변 사람들에게 피해를 끼칠 정도로 행패를 부렸다.

그런데 그가 있는 뒤 테이블에 외식을 하러 나온 가족이 있었다. 그자는 지나치게 술을 마셔 취하였고 고래고래 소리를 지르고 있었다. 가족과 외식을 나온 가족의 가장으로 보이는 사람이 행패를 부리는 자에게 다른 사람들을 배려해달라는 말을 하였다. 그러자 그는 그 가장에게 주먹을 휘두르며 말했다.

"어디 까불어? 한 주먹거리도 안 되는 놈이!"

가장은 가족 앞에서 모욕을 당해 수치심에 치를 떨었다.

하지만 일을 키우지 않으려고 내심 참았다. 그 가장은 아직 음식은 많이 남았지만, 행패를 부리는 자 때문에 서둘러 음식점을 나와야 했다.

얼마 후, 온갖 악행을 저지른 자가 법원에서 판사 앞에 서게 되었다. 그동안은 가벼운 벌금형이나 집행유예로 갱생의 기회를 받았다.

하지만 이번에는 달랐다. 수사기관과 법원은 더 이상 그가 갱생이 되지 않을 자라고 판단하여 엄단하기로 하였기 때문이다. 그자는 그동안 그래왔던 것처럼 벌금형이나 집행유예 정도로 끝나겠지, 하는 안일한 마음으로 판사 앞에 섰다.

검사는 판사에게 그가 현재 지은 죄에다 과거에 지은 죄까지 들춰내며 엄벌을 요청하고 있었다. 죄가 많은 자가 얼굴을 들어 판사를 보는데, 순간 그는 얼어붙고 말았다.

그 이유는 무엇일까? 거기에 있던 것은 그가 전에 음식점에서 술에 취해 갖은 모욕적인 말과 욕설을 내뱉고 밀치기까지 한 그 가장이었다.
그는 '직감'했다!

'아, 판사였구나! 그날 내가 무슨 짓을 한 거지? 이번에는 절대 빠져나갈 수 없겠구나!'

그는 자신의 미래를 예감하고 있었던 것이다.

판사도 피고석에 서 있는 죄가 많은 자, 피고인을 보며 생각했다.

'아니, 이자는 얼마 전 음식점에서 나와 내 가족을 모욕하고 수치스럽게 한 자로구나! 나에게까지 할 정도면 이자는 얼마나 사람들에게 악행을 저질렀을까! 이번에는 그냥 두면 안 되겠구나!'

판사는 얼마 전 음식점에서의 자신감이 없었던 모습이 아니었다. 그는 근엄하고 위엄 있는 목소리로 말했다. 검사와 변호사, 방청석에 있는 자들 모두 판사의 얼굴을 바라봤다.

"그대는 그동안 숱한 잘못을 저지르고, 사람들에게 글과 말로써 상처를 주었다. 그대로 인해 얼마나 많은 사람들이 가슴 아파했고, 억울해했고, 분노했으며, 고통스러웠고, 괴로워했으며, 심지어 자살까지 생각한 사람들도 있었을 것이다. 그대에게는 진정한 반성의 모습이 보이지 않는다. 또한 갱생의 기회를 여러 번 주었으나 그 기회마저 날려버렸다. 그대에게 법이 허용하는 최대 벌을 하는 것이 마땅하다!"

내가 비유로 말했다.

비유에 담겨 있는 뜻을 아는 자는 깨어나려고 노력하는 자다.

지금 인류의 96.5% 정도는 피고석에 서 있는 죄인과 같다. 그러나 평소 생각과 말과 행동을 조심해야 한다. 특히 남들이 자신의 얼굴과 신분을 알지 못한다고 하여 인터넷에서 글로써, 말로써 불특정 다수들에게 상처를 주어서는 안 된다. 그동안 쌓은 카르마도 너무나 무거운데 더 이상 카르마의 무게를 무겁게 하지 말아야 한다.

스스로 생각했을 때 남의 눈물에 피눈물 나게 하였던 일들이 많아 지옥 갈 것 같다고 스스로 여기는 자는 그렇게 될 것이다. 어떤 이들은 추수의 날에 영혼이 지옥의 불 못에 던져질 것이고, 어떤 이들은 교도소 행성으로 알려져 있는 디스토피아 다몬으로 가게 될 것이다. 그 이유는 스스로 잘 알고 있을 것이다.

몇 년 후면 지구 극이동이 있을 것이고, 극이동 직전에 1차 휴거가 일어난다. 그리고 몇 년 후 지구 멸망이 도래한다.

살면서 지은 죄가 많은 이들은 현재 남아 있는 몇 년의 시간
으로 카르마를 정화하고 해소하려면 시간이 너무 짧다.

내 말을 기억하라!
이 시대는 지금 끝이 나고 있다.
새 예루살렘에서의 고차원 시대가 다가올 것이다.
이제 10년 남짓 남았다.

곧 있을 1차 휴거와 인류 멸망 전 차원 상승을 도와줄 책이
출간되었다.

《천국의 문》, 《창조주의 인류 구원 메시지》, 《빛의 일꾼들을
위한 마인드 리셋》, 《죽음 이후 사후 세계의 비밀》, 《인생의 기
적을 창조하는 상상의 힘》.
이 책들에는 사람들이 그동안 잘못 알고 있는 사후 세계, 천
국, 영적 성장, 차원 상승 등에 관해 자세히 설명되어 있다. 그동
안 세상에 나온 그 어떤 책들보다도 경이롭고, 위대하다.

진정으로 의식 성장, 영적 성장에 관심이 있는 사람은 반드시 구매해서 읽어보라.

지구멸이 될 때 먼저 죽은 영혼들은 어떻게 되는가?

많은 사람들이 내게 지구멸 때 먼저 죽은 영혼들은 어떻게 되는지에 대해 물어본다.

내가 알려주겠다.

성서에 기록된 바와 같이, 나는 창조주의 아들로서 그날의 심판자로 왔다. 종말의 시대, 말법의 시대에 한반도에 나타나기로 한 자가 나라고 생각하면 될 것이다.

나 외에 한 명 더 온다면 나와 같이 종교 통합을 하기 위해 오는 미륵불이다. 아버지 창조주께서는 내게 "너와 함께하게 될 미륵불은 이미 훈련과 연단을 마치고 자기에게 주어진 역할과 사명을 충실히 행하고 있다"라고 말씀하셨다.

사람들의 구원과 심판에 대한 권세는 성서에 기록된 바와 같이 재림예수로 온 나에게 있다.

지구멸, 즉 극이동이 벌어지기 직전에 지구 전역에 일제히 현재 하늘에 대기 중인 아쉬타르 사령부 은하함대 소형 우주선에서 일제히 쉬프트 빔을 쏜다. 이때 쏘는 쉬프트 빔은 깨어나 신성을 회복한 인류와 그렇지 못한 인류를 구분 짓는 역할을 한다.

신성을 회복한 인류는 쉬프트 빔을 맞으면 저절로 반응하기 때문이다. 깨어나 신성을 회복한 자들, 온 힘을 다하여 자신에게 주어진 사명을 행한 자들의 이마에 특정한 별 마크가 나타나며 가슴에도 빛이 발하게 된다.

이때 하늘로 들어 올려져 대기권에 있는 모선 새 예루살렘 호에 탑승하게 된다. 1차 휴거가 있고 나서 몇 차례 더 휴거 기회가 있다. 빛의 일꾼 중에 1차 휴거 때 휴거되지 못한 자들은 다음 휴거 때에도 휴거되지 못할 가능성이 크다.

1차 휴거 이후 벌어지는 휴거 때는 종교를 믿는 자들 가운데 배교하고 아버지를 택하는 자들이 많을 것이다.

빛의 일꾼들 가운데 1차 휴거에서 제외된 자들은 계속 그릇된 생각과 말과 행동을 할 가능성이 크다.

짧은 기간에 카르마 정화, 소멸도 힘들 것이고, 그렇다고 단기간에 순교할 수 있는 그런 단단한 믿음이 생겨나지도 않을 것이다.

다시 말하지만, 1차 휴거 후 몇 번의 휴거 기회가 있다. 그 후지구멸이 일어난다.

이때 나는 재림예수로서 공중에서 알곡과 쭉정이를 구분 지어 심판할 것이다.

심판의 과정은 성서 '요한계시록'에 기록된 바와 같이 이루어지게 된다. 이들의 육신은 원소 상태로 흩어지며, 영만 아쉬타르 사령부의 모선 가운데 새 예루살렘 호에 탑승하게 된다.

이때 성서에 기록된 나팔소리(실제로는 우주선들이 쏘는 음파)에 의해 먼저 죽은 영혼들은 모두 천계, 4차원 세계에서 내가 있는 곳으로 소환되어 심판받게 된다. 이때 나팔소리는 아쉬타르 사령부 우주선에서 내는 음파라고 생각하면 된다.

지구에 살고 있는 모든 인류와 사후 세계에 있는 모든 영들이 나팔소리를 듣게 된다. 죽은 영들 가운데 구원받는 영들도 있고 불 못에 던져지는 영들도 있다.

구원받은 영들은 모선에서 생전의 가족을 만날 수 있다. 그러나 대부분 후자 쪽에 속한다고 보면 된다.

지구멸을 앞둔 시기에 자살을 한 영들은 어떻게 될까? 그들은 홀로그램으로 이루어진 가짜 사후 세계(천국, 지옥)에서 대기한다. 이들은 더 이상 윤회하지 못하기 때문에 전생의 카르마를 정화하고 해소할 수 없다.

물질 세계가 아닌 사후 세계에서는 결코 카르마를 소멸시키지 못한다. 그들은 자처하여 행성 지구에 육화하여 체험을 하는 중에 자살을 통해 중도 하차하였다.

그렇기 때문에 영혼 심판의 날에 자살자의 영혼이 구원을 받는 것이 낙타가 바늘 구멍에 들어가는 것보다 더 어렵다고 보면 된다.

구원받는 영혼은 모선 새 예루살렘, 새 베들레헴 호에 탑승하게 된다. 그렇지 못한 영혼은 불 못에 던져지거나 교도소 행성 디스토피아 다몬으로 이주하게 된다. 그곳에서 시간을 보내다가 한날한시에 다몬 행성과 같이 소멸될 것이다.

나와 빛의 일꾼들은 인류 구원하기 프로젝트를 함께하고 있다

지금 우리가 이곳에 모여 있는 이유는 단 하나, 의식 변화를 통해 인류를 살리기 위해서다. 빠르게 의식 변화를 일으킬 수 있는 방법 가운데 하나가 책을 쓰는 것이다.

자신이 살아온 과정을 책에다 담는 것이다. 각자 개인을 위해 책을 쓰게 되면, 말과 글, 즉 언어의 카르마 정화와 해소가 이루어진다.

과거의 나는 언어 장애, 말더듬이, 아버지의 자살, 기초생활보장 수급자 가정 출신… 이런 단어가 너무나 불편했다. 하지만 책을 쓰면서 이런 단어를 재해석하면서 정화, 해소할 수 있었다. 지금은 조금도 불편하지 않다. 오히려 친숙해졌다.

책을 쓰게 되면 책 속에 자신이 그동안 겪은 시행착오, 실패, 시련을 통해 알게 된 지혜와 깨달음을 담게 된다. 이것이 바로 유리엘 대천사와 가브리엘 대천사장이 말하는 의식의 화폐이다. 이것은 우주의 도서관이라고 불리는 아카식 레코드에 기록된다.

성서에 보면 또 다른 차원의 나였던 예수께서는 보물을 하늘에 쌓아두라고 했다. 육계의 재물이 아닌 지혜와 깨달음을 말한 것이다. 의식의 화폐는 곧 있을 지구 극이동 때 영혼의 상승을 도와주는 천계의 화폐가 된다.

책을 쓰게 되면 자신뿐만 아니라 인류 전체 의식의 진동수를 높여주게 된다. 책을 쓰는 사람들이 늘어날수록 인류 전체의 의식 수준이 높아질 수밖에 없는 이유이다.

네이버 카페 '한책협'에서 나와 함께하는 자들은 의식의 변화를 통한 인류 살리기 프로젝트를 함께하고 있다.

지구 극이동 때 인류 가운데
3분의 1이 죽을 것이다

깨어난 사람들은 앞으로 있을 지구 극이동 때 어떤 일이 벌어지는지 잘 알고 있다. 인류 가운데 3분의 1이 죽을 것이다.

극이동이 벌어지기 직전에 1차 휴거가 된다. 이때 의식지수가 높은 자들은 육신이 원소 상태로 흩어지면서 하늘로 올라간다. 하늘로 올라간 영은 아쉬타르 사령부 은하함대 모선 새 예루살렘호에 탑승하게 된다.

그 후 새로운 지구 4차원 행성 타우라로 이주하여 살게 된다. 그곳은 기본이 1천 세이며, 사는 동안 영적 성장에 따라 최대 9

차원까지 차원 상승할 수 있는 기회가 부여된다. 이번 극이동이 인류에게 너무나 중요한 대변혁의 주기일 수밖에 없다.

그동안 나를 찾아온 이들 중에 여러 종교시설에서 몸담았던 사람들이 있었다. 그들도 이번 지구 극이동과 지구 멸망이 얼마나 무섭고 중요한지 잘 알고 있었다.

인류 중에 먼저 깨어난 자들이 아주 많다. 다만 거의 대부분이 용기가 없고 방법을 몰라 사람들에게 외면과 배척을 당하고 있다. 사람들의 조롱과 멸시, 비난에 상처를 받아 은둔을 택한 이들이 너무나 많다.

개인적으로는 안타까우나 결과적으로 그들이 사명에 충실하지 못한 것이고, 이 또한 그들의 선택이다. 지구멸 때 그들은 자신의 행위에 대한 대가를 치르게 될 것이다.

2024. 3. 13. 가이아 어머니의 메시지
창조주와는 딜할 수가 없다.
사명 앞에 나태하고 비겁했음을

변명해보지만, 소용이 없다는 것.

더 자세히 알고 싶다면 《천국의 문》, 《창조주의 인류 구원 메시지》를 읽어보기를 바란다. 가히 놀라운, 충격적인 진실이 담겨 있다.

인류는 종말 전 지구 졸업 시험을
치르고 있다

사람들이 내게 인류를 몰살시키려고 하는 하느님이 과연 진정한 신이 맞느냐고 비난한다.

여기에 대한 나의 대답이다. 예를 들어보겠다.

학생은 학교에 배움을 위해 간다. 그런데 학생은 학교에서 배우려 하지 않고 자꾸 친구들을 때리고 괴롭히고 상처를 주었다. 학교는 이 학생에게 여러 번, 수십 번, 심지어 수백 번 재입학해서 배울 기회를 주었다. 그럼에도 불구하고 학생은 배우려 하지 않았다. 오히려 배움의 과정을 저주하면서 반 아이들을 더 괴롭혔다.

그대 같으면 이 학생을 어떻게 해야 한다고 생각하는가? 그런데 말이다! 이제 학교는 좀 더 높은 차원의 내용(체험)을 가르치기로 하였다.

이 학교에는 순수하고, 선하고, 인류애가 넘치고, 무엇보다 자신이 어디에서 왔으며, 어디로 가는지, 사는 목적과 사명을 찾은 학생들만 입학할 수 있다.

만일 학교에 온갖 행패를 부리고 배울 자세가 안 된 독사의 자식 같은 학생이 그들과 뒤섞여서 체험한다면 어떤 일이 일어나겠는가?

그래서 이번 극이동 때 나의 아버지 창조주께서는 여러 신들과 지구를 관장하시는 나의 어머니 가이아 여신과 합일하에 깨어나지 않은 자, 합당하지 않은 자, 쭉정이들을 모두 영혼의 블랙홀로 빨아들여 없애서 선택된 자들의 영에 거름이 되게끔 하기로 하신 것이다.

나는 아버지 창조주께서 말씀하신 진리를 전하는 것이다. 내 말에 혹여라도 나쁜 생각과 말과 행동을 한다면 지구멸 전에 그대의 영은 심정지, 뇌출혈 등으로 육신과 분리될 수 있다.

이미 천계에서 명단이 삭제되었고, 사명을 위해 지구에 육화한 자를 괴롭히고 방해하는 독사의 자식 같은 영을 일찍 거둬들인다고 해서 천사들에게 징벌이 있겠는가?

내 말을 기억하고, 깨어 있기 위해 온 힘을 다하길 바란다.

지구 멸망은
눈앞으로 다가왔다

나는 2023년 11월 24일 유리엘 대천사가 나를 찾아오기 전까지는 글쓰기, 책 쓰기, 1인 창업, 의식 성장 교육을 하면서 평범하게 살고 있었다.

그런데 그날 이후로 나의 삶은 완전히 달라졌다.

지금까지 온 우주를 창조하신 아버지 창조주께서 유리엘 대천사, 라파엘 대천사, 가브리엘 대천사장을 통하여 나에게 수많은 메시지를 보내주셨다.

창조주께서는 가이아 여신을 비롯한 여러 신들과의 합일하에 지구 멸망, 지구 극이동, 지구 리셋, 그리고 어떻게 하면 지구 멸 때 살 수 있는지, 살아난 자들은 새로 펼쳐지는 4차원 지구 타우라에서 어떻게 살아가는지 삶에 대한 메시지를 보내주셨다. 심지어 이미지로도 보여주셨다.

나는 매일 아버지 창조주, 여러 대천사들, 은하연합 아쉬타르 사령부 은하함대 천군들과 교신하고 있다.

단언컨대 지구 멸망까지 오래 걸리지 않는다. 몇 년 후 성서에 기록되어 있는 일들이 일어날 것이다. 나는 지구멸 전에 아버지께서 내게 맡기신 그 일을 하기 위해 그동안 해오던 상담과 글쓰기, 책 쓰기, 퍼스널 브랜딩, 1인 창업 교육은 더 이상 하지 않기로 하였다. 나를 찾아오는 사람들에게 그동안 해오던 교육보다 더 중요한 사명을 행해야 하니 다른 곳에서 배우라고 말한다.

나는 묵상과 기도, 14만 4천 명의 빛의 일꾼들 깨우기와 인류의 의식 성장, 영적 성장에 힘쓰고 있다. 그리고 지구 멸망과 관련한 인류 구원 메시지에 관한 여러 권의 책을 펴냈다. 더불어 유튜브 채널을 통한 인류의 의식 성장에 힘을 쏟고 있다.

우리 부부가 가진 재산은 모두 아버지 창조주께서 맡기신 사명을 완수하는 데 모두 쓰인다.

앞으로 나와 함께 할 빛의 일꾼들 역시 우리와 부부와 같은 마음으로 임해야 한다. 지금 3차원 행성 지구는 멸망을 앞두고 있다.

우리가 쓰는 화폐는 육신을 벗은 후 가져갈 수 없는 '헛것'이라는 것을 깨달아야 한다. 나는 천계에서 쓸 수 있는 의식 화폐를 저축하는 이들이 많아졌으면 좋겠다.

지금은 각자가 사후 세계에서 세팅한 게임의 종료 시간이 임박했다는 것을 깨달아야 하는 시기이다. 이 삶이 영원할 것처럼 빠져 있어서는 안 된다. 지구멸은 눈앞으로 다가왔다. 속히 의식을 깨우고 신성을 회복해야 한다.

내가 지금까지 걸어오는 과정에서 참으로 많은 시련과 고난이 있었다. 그런데 사람들은 2천 년 전에도 그랬듯이 내가 걸어온 과정에 대해서는 관심이 없다. 내가 새 예루살렘 성전 건립에 참여하라고 말하면 많은 이들이 나를 사기꾼, 장사꾼으로 모욕한다.

거듭 말하지만, 우리 부부가 가진 재산은 나 자신이 누구인지 정체성을 찾자마자 아버지 창조주께 모두 드렸다. 심지어 나의 목숨, 영혼마저 오로지 아버지께 드렸다. 생사여탈의 열쇠를 지닌 이는 아버지 한 분이시기 때문이다.

나는 아버지 창조주의 뜻을 행하기 위해 이 시대의 선지자, 정도령, 재림예수로 육화한 존재이다. 2천 년 전 이스라엘 베들레헴에서 태어난 예수가 나라는 뜻이다.

단언컨대 대부분의 사람들은 나의 말을 믿지 않을 것이다. 이 또한 부주의 맹시에 빠진 자들로서 그날에 건져낼 자와 버릴 자를 명확히 구분 짓게 하는 나침반이 될 것이다.

3.5%의 인류만 4차원 새 지구
타우라로 상승하게 된다

지구멸 후 차원 상승하는 자들은 4차원 새 지구 '타우라'에서
살게 된다.

성서 '요한복음' 14장 1~3절에 보면 이런 말씀이 나온다.
"너희는 마음에 근심하지 말라 하나님을 믿으니 또 나를 믿
어라. 내 아버지 집에 거할 곳이 많도다. 그렇지 않으면 너희에
게 일렀으리라. 내가 너희를 위하여 거처를 예비하러 가노니, 가
서 너희를 위하여 거처를 예비하면 내가 다시 와서 너희를 내게
로 영접하여 나 있는 곳에 너희도 있게 하리라."
2천 년 전의 또 다른 나 예수가 이야기한 내 아버지 집은 새

지구 '타우라'를 말한 것이다. 지구멸 후 차원 상승하는 자들은
4차원 새 지구 행성 타우라에서 살게 된다.

타우라에 대해 궁금해하는 사람들이 많다. 그래서 타우라에
서 펼쳐지는 삶에 대해 간략히 설명하겠다.

1. 곧 있을 상승 여행을 통해 신성을 회복한 자들은 새 지구인
   타우라에서 새로운 삶을 살게 된다.
2. 타우라에서의 수명은 1천 세이며, 빠르게 9차원까지 차원
   상승할 수 있는 기회가 주어진다.
3. 현재 타우라에서 입게 될 새로운 옷(4차원체)과 도시, 주택
   등 모든 것들이 준비되어 있다.
4. 타우라에서는 화폐를 사용하지 않는다. 이 말은 지금 우리
   가 살고 있는 3차원 지구에서의 삶과 달리 돈을 벌기 위해
   억지로 일을 하지 않아도 된다는 뜻이다. 타우라에서는 오
   로지 영적인 성장을 목적으로 모든 활동을 하게 된다.
5. 타우라에서는 지금 인간들이 겪는 생로병사가 없다. 그야
   말로 극락이자 천국이 따로 없다.
6. 새 지구 타우라에 들어갈 수 있는 인류는 깨어나 신성을 회

복한 3.5%밖에 되지 않는다. 나머지 96.5%는 명예와 권력, 물질에 취해 깨어나려는 노력을 하지 않았다. 이들 가운데 일부는 지구보다 더 힘든 행성으로 보내서 고통스러운 체험을 이어가게 된다.

성서 '요한계시록'에 보면 '불 못'이라고 일컫는 영혼의 블랙홀이 있다. 깨어나지 못하여 신성을 회복하지 못한 자들은 대부분 이곳으로 빨려 들어가 무(無)로 흩어진다.

살면서 악한 짓을 수없이 저지른 악한 자들과 일루미나티, 그리고 그들에게 조력한 종교 지도자들, 신도들, 어둠과 같은 자들은 교도소 행성으로 불리는 디스토피아 다몬으로 보내진다.

다몬은 낮과 밤의 기온 차이가 50도나 난다. 그야말로 낮에는 불볕 더위이고 밤이 되면 시베리아 벌판보다 더 추운 곳이 된다. 한쪽에서 홍수가 나면 반대편 지역에서는 가뭄 현상이 일어난다. 그야말로 지옥인 곳이다. 이곳에서 자신이 가진 에너지를 모두 소진할 때까지 지내다가 한날한시에 행성 다몬과 함께 사라진다.

창조주의 아들
슈카이브의 기도

나와 함께하는 이들을 항상 지켜주시고, 보호해주시고, 어둠의 세력들의 교란에 마음이 흩어지지 않도록 해주소서.

지금 가이아 어머니께서 관장하시는 행성 지구는 오랜 세월 동안 인간들의 이기심과 탐욕으로 인하여 돌이킬 수 없을 정도로 훼손되었습니다.

그 결과, 지구는 마치 산모가 출산이 임박하여 극심한 고통을 겪는 것과 같습니다.

그동안 인간들이 만든 카르마의 무게를 혼자서 감당하고 계시는 가이아 어머니에게 죄스러운 마음과 더불어 감사한 마음을 가집니다.

지구멸 전에 깨어난 자들을 건져내기 위해 지구 상공에는 태양계 여러 행성에서 온 은하연합 아쉬타르 사령부의 은하함대 수백만 대의 우주선들이 포진하고 있습니다.

우주선들에 탑승하여 계시는 여러 천군 사령관들과 수많은 천군들에게도 감사한 마음과 경의를 표합니다.

저는 창조주님의 거룩한 뜻이 훼손되지 않고 잘 지켜질 수 있도록 영혼을 다하여 사명을 감당할 것입니다.

저의 생각과 마음과 영혼은 이미 영의 세계에 있으니 그 어떤 것도 두렵지 않습니다.

항상 아버지 창조주와 가이아 어머니, 가브리엘 대천사장, 유리엘 대천사, 라파엘 대천사, 은하함대에서 함께하시니 마치 깜깜한 밤길을 등불을 들고 걷는 것과 같습니다.

빛의 전사들과 빛의 일꾼들, 그리고 모든 물질과 비물질이 저를 도와 아버지의 거룩한 뜻을 이룰 것입니다.

나라와 권세와 영광 영원히 아버지께 있습니다.

신성이 길이요,
진리요, 생명이다

　지금 내가 하는 사명은 2천 년 전 예수라는 이름으로 이 땅에 왔을 때 마치지 못한 일을 완수하는 것과 성서에 나오는 노아가 방주를 만든 일과 같다.

　그때와 마찬가지로 지금의 나 역시도 많은 이들로부터 배척을 당할 것이다. 하지만 나를 보내신 이를 믿고 따르는 자는 마지막 날에 승리할 것이다.

　시작과 과정은 어둠의 세력들에게 지는 것처럼 보이나, 이 역시 아버지께서 여러 신들과 합일하여 쭉정이들을 가려내기 위하여 계획한 설정이자 시나리오이다.

아버지께서는 가브리엘 대천사장을 통하여 나에게 "이미 너는 승리를 전제하였다"라고 말씀하셨다. 깨어나지 않은 자, 신성을 회복하지 않은 자는 제 발로 버려질 자의 편에 설 것이다. 그것이 쉽고, 편하고, 안전하게 보이기 때문이다.

의식을 깨워라! 그리하여 신성을 회복하라! 신성이 너와 네 집을 구원할 것이다! 신성이 길이요, 진리요, 생명이다!

많은 이들이 입으로만 신성을 회복하겠다, 깨어 있겠다고 앵무새처럼 말한다. 하지만 대부분 그들은 그날에 영생을 얻지 못할 것이다. 신성을 회복한 자는 물질 세계에 아무런 미련이 없다. 아버지의 사명을 받드는 나를 도울 것이다.

그런데 말로만 깨어 있겠다, 하는 것은 입술로만 "하느님, 하느님이여!" 하고 외치나 마음속에는 하느님을 향한 공경심이 없는 것과 같다.

그들은 간악하여 물질계의 안락함과 영생 모두 갖고자 한다.

하지만 이것을 아버지께서 모르신다고 여기느냐?

지구 졸업 시험 가운데 1차 테스트는 물질을 내려놓는 것이다. 나는 내가 가진 모든 것들을 아버지께 드렸다. 이는 사명을 행하는 데 쓰인다.

물질을 내려놓지 못한 자는 곧 있을 휴거 때 땅에 남겨질 것이다. 영혼 추수 때 아궁이 속으로 던져질 쭉정이가 될 것이다.

나는 기성 종교 지도자들처럼 나를 드높이려 하지 않는다.
나는 세상에 아버지의 영광을 나타내기 위해 온 자이다.
더불어 인류의 구원과 심판을 위해 온 자이다.

나의 생명은 아버지께로부터 나왔다. 나는 나를 만드신 이 아버지께서 주신 사명을 다 마치고 아버지께로 갈 것이다.

나의 유튜브 채널의 악성 댓글에
저주가 담긴 댓글을 쓰는 이유

아버지 창조주와 가이아 어머니와 여러 대천사들이 나에게 이 시대에 오기로 한 선지자 재림예수라는 것을 알려주셨다. 그리고 나 역시 고난 속에서 연단을 마치고 깨어났다.

지금 나는 나에게 주어진 사명을 행하고 있다. 그런데 많은 사람들이 나의 유튜브 영상에 조롱과 비난, 모욕적인 댓글을 달고 있다. 그런 댓글에 나는 저주가 담긴 답글을 쓰고 있다. 그 이유에 대해 말하고자 한다.

나는 여러분을 욕하거나 비난한 적이 없다. 그리고 앞으로도 그럴 마음이 없다. 나는 내게 주어진 일을 하는 것이다. 그러니 나를 욕하거나 비난하지 말라. 나를 보내신 아버지에 대하여서도 그렇게 하지 말라.

창조주를 모독한 죄는 영원히 용서받지 못한다. 그동안 수없이 나는 종교를 믿는 사람이 아니라고 밝혀왔다. 물론 우리 가문 전체는 기독교이다. 하지만 나는 오래전 종교를 버렸다.

그리고 창조주 한 분만 바라보면서 의지하면서 살았다. 나는 오로지 나를 이곳에 보내신 아버지 창조주께서 맡기신 사명을 행할 뿐이다.

나는 마음을 다하고, 목숨을 다하여 아직 깨어나지 않은 자들을 깨울 것이다. 그리고 극이동이 벌어지기 직전까지 나에게 주어진 사명을 감당할 것이다.

아버지께서는 어둠의 세력들과 대적할 나에게 필요한 모든 것들을 아낌없이 내어주셨다. 여기에다 하늘을 새까맣게 뒤덮고 있는 아버지의 군대 천군들과 그 수를 헤아릴 수 없는 천사들을 보내주셨다.

나는 나와 함께 귀한 일을 하는 그들과 내가 해야 할 그 일을 완수할 것이다. 그리하여 아버지 창조주께 모든 권세와 나라와 영광이 영원히 있다는 것을 온 천지는 물론 우주에 알릴 것이다.

첫째, 나는 빛의 자녀들이 악한 마음으로 가득한 이들이 올리는 댓글들을 보면서 반면교사 삼기를 바란다. 여러분도 항상 주의하지 않으면 그러한 생각과 말과 행동을 할 수 있으니 조심하라는 의미가 담겨 있다.

둘째, 내가 반박하는 댓글들이 전부는 아닐지라도 아직 깨어나지 않은 빛의 자녀들의 의식을 깨우는 데 도움이 되었으면 하는 바람이다.

셋째, 여러분은 누군가 여러분의 집에 쓰레기를 던져서 버린다면 그 쓰레기를 그냥 두지 않을 것이다. 쓰레기를 던진 놈에게 비난당할까 봐 무서워서 쓰레기를 그대로 방치하지 않을 것이다. 만일 그대로 둔다면 더 많은 사람들이 재미 삼아 쓰레기를 던질 것이다. 그러면 어떻게 되겠는가?

그래서 나는 쓰레기를 던진 놈이 나에게 욕을 할 것을 뻔히 알지만, 반박 댓글을 쓰는 것이다. 기억해야 할 것은 내가 반박할 정도의 악한 댓글을 남긴 사람은 너무나 악하다는 것이다. 악한 나무에게서 좋은 열매는 열리지 않는다. 좋은 열매를 맺지 못하는 악한 나무는 도끼로 찍어서 장작불에 던져버림이 합당하다. 그들은 머지않아 짐승의 표를 받아 심정지, 뇌출혈로 죽을 것이다.

넷째, 나와 아버지 창조주를 비난하거나 모독하는 댓글을 삭제하지 않는 이유가 있다. 그들이 쓴 악한 댓글로 인하여 악한 DNA를 가진 자들이 읽고 동조하여 마치 눈 뭉치처럼 한데 뭉치기를 바라는 마음에서다. 그들은 곧 있을 영혼 추수의 날에 같이 불 못에 던져질 것이다.

이 시대의 복음도서 《빛의 일꾼들을 위한 마인드 리셋》, 《천국의 문》, 《허공의 놀라운 비밀》, 《죽음 이후의 사후 세계의 비밀》은 너무나 중요하다. 빠르게 깨어나고자 하는 사람, 신성을 회복하고자 하는 사람은 반드시 이 책들을 읽어보라! 천국의 문을 읽고 나서 하늘을 바라보면 우주선을 보게 될 것이다.

지구 멸망을 위해
니비루 전투 행성이 날아오고 있다

기쁜 소식을 전한다.

행성 지구와 인류의 차원 상승을 위하여 창조주께서 인류를 위해 니비루 전투 행성을 보내셨다. 현재 지구보다 5배 정도 큰 니비루 전투 행성이 다가오고 있다. 지금 66광년 떨어진 곳에서 빛보다 더 빠른 속도로 날아오고 있다.

니비루 전투 행성이 지구와 가까워지고 온 세상에 복음이 전파되었을 때, 지구 극이동이 일어날 것이다.

극이동은 0.01초도 안 되는 시간에 끝난다. 극이동 직전에 1차 휴거가 일어난다.

신성을 회복한 자들은 지금 대기권에 포진해 있는 아쉬타르 사령부 은하함대 우주선들이 쏘는 쉬프트 빔에 의해 하늘로 올라간다. 이것을 상승이라고 하는 것이다.

　　깨어난 영들이 모두 들려지고 나면 즉시 극이동이 벌어지면서 대재앙으로 불리는 대지진, 화산 분출, 해일, 홍수 등이 벌어지게 된다. 이때 전 세계 인류 가운데 30억 명이 죽는다.

　　그리고 세계 단일정부 통치하에 살아남은 자들에게 대환란이 시작된다.

사람들의 눈치를 보는 비겁한
빛의 일꾼들에게 말한다

빛의 일꾼이면서 세상에 빛의 일꾼이라는 것에 당당하게 말하지 못하는 자들이 대부분이다. 그들은 다양한 표식과 천계에서 보여준 꿈들과 나의 영상을 보았을 때 진동, 가슴 떨림 등으로 자신의 몸이 반응해 내가 선지자로 온 재림예수라는 것을 알았다.

그러면서도 가족과 주변 사람들 앞에서 내가 창조주의 아들이라는 것을 부끄러워한다. 그래서 창조주께서는 1차 휴거 때 14만 4천 명 가운데 8천 명이 조금 안 되는 숫자만 휴거된다고 하셨다.

자신이 빛의 일꾼이라는 것을 본인 스스로 잘 알면서도 사람들에게 당당하게 말하지 못하는 자는 이런 자와 같다. 들을 귀 있는 자들은 들어라!

　　결혼을 앞두고 있는 예비 신혼 부부가 있다. 예비 신부는 신랑 될 사람에게 '사랑한다', '사랑한다' 수없이 말했다. 그러나 그는 주변 사람들에게 그 사람을 사랑한다고 말하는 것을 부끄러워했다. 그 사람 없이는 못 살 것 같다고 말하는 것을 부끄러워했다.

　　남자는 결혼식장에 들어서기 전에 그 여자가 진심으로 자신을 사랑하지 않는다는 것을 알았다. 그 여자는 자신보다 자신의 연봉과 집안 배경 등에 욕심이 나 사랑하는 척한다는 것을 안 것이다.

　　결혼식을 앞두고서 남자가 말하였다.
　　"너는 나보다 나의 연봉과 우리 집의 배경을 더 사랑한다. 그런 너와 결혼할 수 없다. 너와 나 사이에 있었던 일들은 모두 없었던 것으로 하겠다. 이 시간 이후로 나는 너를 알지 못한다. 결혼식은 취소될 것이다."

   나 또한 빛의 일꾼이라는 것과 내가 선지자로 온 자라는 것을 알면서도 부끄러워하는 자는 인류 최후의 심판 때 그들의 이름을 하나하나 호명하여 "나는 저자들을 알지 못한다. 천사들은 저들을 불 못에 던져라" 하고 명령할 것이다.

어둠은 사람들의
불안과 두려움을 이용한다

2024년 3월 15일.

새벽에는 잠이 잘 오질 않아 뒤척이곤 했다. 그러다 선잠이 들었는데, 꿈에서 사람들이 내 몸에서 초록색 불빛이 난다면서 수군거리고 있었다.

그런데 그즈음 침대 옆에 있는 절전 상태인 컴퓨터의 전원이 들어왔다. 모니터 불빛이 환하게 비치니 저절로 내 눈이 떠졌고, 뭐야, 어둠이 장난을 치는구나, 하고 생각했다.

그 찰나였다. 모니터 바탕 화면의 폴더가 하나 열리는 것이

아닌가. 하도 신기해서 바로 사진을 찍고 옆에서 자고 있는 아내에게 보여주었다.

선지자로 온 나 슈카이브을 알게 되고, 나의 강의를 듣는 사람들은 자주 섬뜩한 상황을 마주하게 된다. 나와 가까이하고 깨어날수록 어둠의 세력들의 장난질이 심해진다는 것을 기억해야 한다. 이것을 알면 절대 그들로부터 교란을 당하지 않는다.

성서에 보면 항상 깨어 있어야 한다고 적혀 있다. 이 시대는 종말의 시대이기에 항상 주의하고 경계해야 한다. 어둠은 항상 사람들의 불안과 두려움을 이용한다.

몇 년 안에 인류는
멸망할 것이다

거의 대부분 사람들이 곧 있을 지구 극이동과 지구 멸망에 대해서 너무 안일하게 받아들이고 있다. 성서에 보면 지구 종말에 대해 이렇게 예언했다.

"형제들아, 때와 시기에 관하여는 너희에게 쓸 것이 없음은 주의 날이 밤에 도둑같이 이를 줄을 너희 자신이 자세히 알기 때문이라. 그들이 평안하다, 안전하다 할 그때에 임신한 여자에게 해산의 고통이 이름과 같이 멸망이 갑자기 그들에게 이르리니 결코 피하지 못하리라." ('데살로니가전서' 5:1~3)

바울은 사람들이 가장 안전하다, 평안하다며 안심할 때 지구 멸망이 온다고 말한다.

지금 세상 곳곳에서 지구멸에 대한 징조를 넘치도록 보여주시고 있다. 그러나 게으르고 악한 인간들은 아예 관심이 없다. 오히려 깨어나라고 외치는 사람들을 핍박하고, 조롱하고, 멸시하고 있다.

머지않아 그들과 빛의 자녀들의 위치가 바뀐다. 나는 지구 종말에 관한 시나리오를 아는 자로서 그들을 보면 참으로 어리석다는 생각이 든다.

이 시대가 오기 전까지는 아무리 악할 사람일지라도, 어리석은 사람일지라도 반복해서 윤회가 가능했다. 카르마를 정화하고 소멸시킬 수 있는 기회를 준 것이다. 그 과정을 통해 영적 성장을 이루기를 바랐던 것이다.

지구 종말 때 그동안 허용되었던 영혼의 갱생, 재생 프로그램인 윤회의 법칙도 사라진다. 사람이 죽고 나면 가게 되는 사후 세계도 폐쇄된다. 천국과 지옥, 연옥과 같은 이러한 사후 세계는 어둠이 인류를 가두기 위해 만든 홀로그램의 4차원 가짜 사후 세계이기 때문이다.

곧 일어나는 지구 멸망 때 81억 인구 중에 3.5%만 새 예루살렘인 새 지구 타우라로 상승 여행을 할 수 있다. 나머지는 소멸된다는 말이다.

1차 휴거 때는 살아 있는 상태에서 상승을 하지만, 그 후로는 세계 단일정부 체제하에서 지옥을 경험하면서도 짐승의 표를 받지 않고 창조주에 대한 믿음을 유지한 자들만이 상승할 수 있는 기회가 주어진다. 반드시 갖은 핍박과 고문, 단두대에서 처형을 당하는 등 순교해야 한다는 뜻이다.

대부분의 종교인들은 자신의 믿음이 강하다고 믿는다. 과연 그럴까?
몇 년 후, 세계 단일정부 통치하에 믿음을 시험받느라 단두대에 끌려간다면, 자녀들의 생명마저 위태로운 상황에 직면한다면 어떻게 될까?

그런 상황에서도 그들의 믿음이 흔들리지 않을 수 있을까?

내가 보기에 96.5%는 잠시 믿음을 내려놓고 자신의 목숨과 자녀들의 목숨을 구걸할 것이다. 자신이 믿는 신에게는 회개하여 용서를 구하면 된다고 여길 것이기 때문이다. 종교인들이 가지고 있는 믿음이란 그러한 것이다. 안개와 같은 것이다.

현재 기독교에서는 "예수 믿으면 구원받는다", "예수 믿으면 천국에 간다"라고 말한다. 절대 그렇지 않다. 성서에 봐도 입술로만 '주여', '주여' 하는 자는 천국에 가지 못한다고 기록되어 있다.

종교에서 말하는 하나님이 아닌, 하느님을 영접하고 그분의 자녀라는 것을 오롯이 증명한 자만이 천국에 임할 수 있다.

믿음은 행함이 따라야 한다. 그 행함에는 현재 자신이 갖고 있는 모든 것들을 미련 없이 내려놓을 수 있는 용기가 필요하다. 심지어 목숨까지 내놓을 수 있어야 한다는 것이다.

그래서 천국에 들어가기가 낙타가 바늘구멍에 들어가는 것보다 더 힘들다고 하는 것이다. 깨어나 신성을 회복한 자들은 아버지 창조주를 제대로 알고 있다. 그분이 영생의 열쇠를 쥐고 있는 아버지라는 것을 알고 있다.

그렇기에 그분을 믿게 되면 자처하여 가진 모든 물질을 내려놓게 될 것이다. 이 세상의 것들은 모두 '헛것'이기 때문이다.

아버지의 자녀들이 가게 되는 새 지구 타우라에서는 지금 누리는 것 이상의 것들이 보장되어 있다. 그것을 속히 깨달아 깨어나기를 바란다.

지구 멸망,
결과는 이미 정해졌다

이 책을 보는 사람들은 더 이상 '사랑의 하나님'이라고 입술로만 하나님을 찬양하면서 그분의 뜻대로 살지 않은 인간들이 하는 말에 속지 않기를 바란다.

'사랑으로 가득하신 하나님께서는 열심히 기도하고 신앙 생활을 열심히 한 사람은 모두 천국으로 인도하신다'는 말에 속지 않기를 바란다.

영혼 추수 때 가장 많이 불 못에 던져지는 자들이 기독교인들이다. 그들은 양의 탈을 쓰고 있는 악한 늑대라고 보면 된다.

그들 가운데 96.5%는 그날에 불 못으로 빨려 들어가 흩어지게 될 것이다.

깨어남과 신성 회복이 무엇인지 모른 채 입술로만 "주여! 주여!" 하고 부르짖어봐야 헛된 일이다. 소멸된다.

이미 천계에서는 지구를 멸하는 것에 대한 시나리오가 다 나와 있는 상태이다. 어둠의 세력들에게 인구의 몇 %를 소멸시켜도 된다고 일러둔 상황이라 봐도 무방하다.

24년 2월 10일에 지구를 관장하시는 어머니 가이아 여신께서 아들인 내게 주신 메시지이다.

결과를 너무 궁금해하지 말거라!
결과는 이미 정해졌고,
그걸 네게 이르게 하지 않는 이유는
너의 넘치는 인류애와 용맹함이
시간보다 먼저 깨어나 상하고 밟힐까 염려함이라
생각하면 좋겠구나.
흥미 있는 것을 좋아하지 않았더냐.

이것은 네가 이미 다 계획한 게임이니라!

게임을 하듯이 즐기고 나아가면 되는 것이다.

창조주께서 이미 네게 힘을 더할 무기를 주었느니라.

스스로 낮추지 말거라.

너는 이미 존재함으로 위대하다.

기억해라!

아들아!

큰 그림에서 몇 명을 건져내고 몇 명을 버릴지 결과가 정해졌다는 뜻이다. 이 말에 많은 악한 인간들이 창조주와 가이아 어머니를 비난할 것이다.

그들은 마음이 악해서 악을 쏟아내는 것이다. 자신의 두루마리를 열심히 빨 생각을 하지 않는다. 그동안 수백만 년 동안 반복적인 윤회를 통해 카르마를 정화하거나 소멸하지 못한 자신을 탓하지 않는다. 영적 성장을 하지 않고 물질만을 추구한 자신을 탓하지 않는다.

그들이 그날 불 못에 던져지는 것은 알곡이 아닌 쭉정이, 가라지이기 때문이다. 그동안 윤회를 통하여 깨어나 신성을 회복할 시간, 즉 기회를 주었음에도 온 힘을 다하여 애쓰지 않은 시간에 대한 값을 치르는 것이다.

이제 시간이 없다. 속히 깨어나 신성 회복을 해야 한다. 자신이 누구인지, 왜 태어났는지, 어디로 가는지 생각해내야 한다.

깨어난 자들은 자주 하늘을 바라보면서 해와 달, 구름 표식을 보고 이 시대가 끝이 나고 있음을 알게 된다. 자신이 무엇을 준비해야 하는지 깨닫게 된다. 즉시 행하게 된다.

자신이 빛의 일꾼이라는 생각이 들면 지체 없이 내가 있는 곳으로 와서 힘을 모아야 한다. 온 힘을 다해 사명을 완수해야 한다.
그렇게 하여야 곧 있을 휴거 때 상승할 수 있는 자격을 부여받게 된다.

이번 지구멸 때
윤회 법칙이 사라진다

이번 지구멸 때 윤회 법칙이 사라진다.

더 이상 인류에게 자신이 지은 업보, 즉 카르마를 정화하고 소멸할 수 있는 기회가 주어지지 않는다는 뜻이다.

그동안 내가 전하는 진리를 조롱하고 비난과 모욕을 일삼는 자들이 많다. 이들은 자신이 했던 행동들에 대해 회개하고 용서를 구해야 한다. 그리고 속히 깨어나 아버지 창조주를 영접해야 한다.

그렇지 않고 계속 독사의 자식처럼 행동한다면, 지구 극이동이 벌어지기 전에 일찌감치 그들의 영은 육신과 분리될 것이다. 그리고 영혼 추수의 날에 영혼의 블랙홀로 빨려 들어가 원소 상태로 돌아갈 것이다.

물론 각 개인이 삶을 통해 얻은 지혜와 깨달음은 우주 중앙 도서관(아카식 레코드)에 영원히 저장된다. 깨어나 신성 회복한 영들에게 귀중한 자료로 쓰일 것이다. 지구에서의 물질적 체험은 이 시대가 마지막이다.

절대 내가 하는 말을 허투루 듣지 말기를 바란다. 참고로 몇몇 사람들이 나의 영상에 "책 팔이!", "사기꾼", "이단" 등으로 조롱하고 모욕하는 댓글을 달고 있다. 하지만 나는 괜찮다.

2가지 이유가 있다.

첫 번째, 그들은 그동안 그렇게 살아왔기에 이 엄중한 시기에 악한 생각으로 나와 나를 보내신 아버지 창조주를 모독하는 것이다. 그 이상도 그 이하도 아니다. 그들의 이름은 천계의 생명책에서 삭제되었다. 그 대신 어둠이 가진 사망책에 기록되었다.

두 번째, 나는 그들을 욕하거나 비난한 적이 없다. 그런데 반복적으로 나와 아버지를 조롱하고 비난하고 모독할 경우 소멸의 천사가 그들의 영을 일찌감치 거둘 것이다. '요한계시록'에 기록된 대로 지구멸 전에 죽을 경우 최후의 심판을 받기 위해 영혼 추수의 날에 내 앞으로 소환될 것이다. 세상을 이긴 나의 얼굴을 보고 나서 불 못에 던져지게 되어 있기 때문이다.

소멸의 천사가 악을 일삼는 그들이 가장 귀하게 여기는 1가지(사람, 건강, 재산, 마음 등)를 앗아갈 수도 있다. 그들은 남에게 상처를 주고 해할 줄만 알았지, 자신들이 가장 귀하게 여기는 것을 빼앗길 것에 대해 생각해본 적이 없을 것이다. 자기 자식을 너무나 끔찍하게 여기는 자의 자식 목숨을 앗아간다면, 그가 얼마나 고통스러울지 생각해보라. 그런 일이 일어난다는 것이다.

나와 창조주를 조롱하고, 모욕하고, 모독하는 자들은 그렇게 될 것이다. 내가 아버지께 그렇게 해주시기를 간청하는 기도를 드렸기 때문이다. 그동안 아버지께서는 아들인 나의 모든 기도를 들어주셨다.

지금 인류는 멸망을 앞두고 있다.

이 엄중한 시기에 절대 나와 창조주에 대하여 욕하거나 비난하지 말 것!

창조주에 대한 모독은 더더욱 안 된다. 가장 무서운 죄이기 때문이다. 절대 용서받을 수 없다.

이런 행동만 하지 않더라도 중간은 갈 것이다.

내 말을 가볍게 듣지 말기를 바란다.

인류 최후의 심판은
전 인류를 위한 일이다

홍수 이전, 노아 시대의 사람들은 홍수가 나기 전까지 먹고 마시고, 시집·장가가고 하다가 모두 죽었다. 소돔과 고모라의 사람들은 성적으로 타락하여서 비같이 내리는 유황불로 심판받아 죽었다.

지금 이 시대의 사람들은 과거의 인류가 저질렀던 모든 죄악을 한 번에 저지르고 있다.

종교와 종교 지도자들, 연예인들, 물질, 명품을 우상 숭배하고 있고, 마약과 도박, 성적으로 타락하였다. 점술, 복술, 주술, 예언, 마술이 횡횡하며 사람들을 현혹하고 있다.

인터넷, SNS, 유튜브 등이 등장한 후 많은 사람들이 말과 글로 수많은 사람들을 해하고 상처 주고 있으며, 지나치게 자기애에 빠져 타인을 돌보지 않고 있다.

마음이 사라져가고 있고 사랑이 식었다. 이러한 것들이 이 시대가 말세임을 증명하고 있다.
이런 일이 일어나도록 배후에서 조종하는 자들이 있다.

타락 천사들이며, 그들이 악한 영들을 육화시켜 일루미나티 조직을 결성하였다. 이 조직을 흔히 어둠의 세력이라고 일컫는다.

타락 천사들은 지금 인형극을 배후에서 조종하고 있고, 공모하는 자들은 어둠의 세력이다. 이들에게 속고 있다는 것도 모른 채 조종당하는 사람을 꼭두각시라고 한다.

성서에 보면 종말이 찾아오는 그 날짜는 모르지만, 시대는 분간할 수 있다고 말하고 있다. 다양한 마지막 날에 대한 표식과 징조에 대해 기록되어 있다.

지금 인류에게 마지막으로 보여주는 표식과 징조를 잘 읽기 바란다. 매일 자주 하늘을 올려다보는 자들 가운데 많은 이들이 영생을 얻을 것이다.

들을 귀가 있는 자는 내 말의 뜻을 헤아릴 것이다.
속히 깨어 있어라!
홀연히 종말이 찾아올 것이다.